CASAGRANDE

e seus demônios

S.C CORINTHIANS PAULISTA

CASAGRANDE

e seus demônios

Walter Casagrande Júnior
Gilvan Ribeiro

GLOBOLIVROS

Texto fixado conforme as regras do Novo Acordo Ortográfico da Língua Portuguesa (Decreto Legislativo nº 54, de 1995).

Editor responsável: Aida Veiga
Assistente editorial: Elisa Martins
Preparação de texto: Ana Tereza Clemente
Revisão: Ana Maria Barbosa e Carmen T. S. Costa
Capa, projeto gráfico e diagramação: Negrito Produção Editorial
Foto de capa: Daryan Dornelles / Fotonauta
Foto de quarta capa: Domício Pinheiro / Diário de S. Paulo

1ª edição, 2013
2ª reimpressão, 2013

DADOS INTERNACIONAIS DE CATALOGAÇÃO NA PUBLICAÇÃO (CIP)
(CÂMARA BRASILEIRA DO LIVRO, SP, BRASIL)

Casagrande Júnior, Walter
Casagrande e seus demônios / Walter Casagrande Júnior, Gilvan Ribeiro. – São Paulo: Globo, 2013.

Bibliografia.
ISBN 978-85-250-5380-0

1. Casagrande Júnior, Walter 2. Jogadores de futebol – Biografia 3. Jogadores de futebol – Brasil I. Ribeiro, Gilvan. II. Título.

13-02268 CDD-796.334092

Índices para catálogo sistemático:
1. Jogadores de futebol: Biografia 796.334092

Editora Globo S. A.
Av. Jaguaré, 1485 – 05346-902 – São Paulo – SP
www.globolivros.com.br

Dedico esta biografia à minha irmã Zilda, que nos deixou tão cedo;
ao Sócrates, ao Gonzaguinha e ao Marcelo Fromer, por
terem me revelado o verdadeiro sentido da palavra
amizade; e ao Raul Seixas, ídolo eterno.

WALTER CASAGRANDE JÚNIOR

Dedico este livro a Cristina e Luan Maiello, por tudo.

GILVAN RIBEIRO

Sumário

Prefácio

"Minha vida dá um livro." Se alguém tem o direito de fazer este comentário, seu nome é Walter Casagrande Júnior, nosso amigo Casão, o homem gol com sangue de roqueiro, inquieto, curioso, destemido, atirado e, sobretudo, amigo prestativo e fiel.

Recentemente, ele se emocionou e se divertiu em Tóquio, chorou e riu, cobrindo o seu Corinthians no Mundial de Clubes da Fifa 2012. Nos mandava mensagens pelo celular antes dos jogos, ainda madrugada no Brasil: "Acorda, meu, vai começar o jogo!".

Sua vida dá um livro. Dá um filme. Dá uma ópera rock, sob a supervisão de Lobão, Nasi Valadão, Kiko Zambianchi, Lee Marcucci e Titãs, rapaziada bem vivida de seu círculo de amizades.

Ópera que começaria com ele sozinho em seu apê no bairro Alto de Pinheiros, em São Paulo, na meia-idade, com um dos melhores empregos do telejornalismo, o de comentarista esportivo respeitado e com prestígio na Rede Globo.

As janelas estão fechadas há dias, e as portas, trancadas. Um cheiro de cigarro, bebida, busca e mofo no ar. Por que sempre queremos mais? Se nos dão o topo, queremos atravessar as nuvens. Se estamos na estratosfera, queremos ir a outros planetas, outras galáxias. Uma inquietação que alimenta a humanidade.

O protagonista Casão, de short, sem camisa, barba por fazer há dias, cabelos escorridos, emaranhados, começa seu ritual macabro e rotineiro. O que buscava? O fundo. O outro lado. A fronteira.

Tranca as portas. Coloca o DVD do The Doors. Senta-se diante de uma mesa. Primeiro, cheira três carreiras de cocaína. Toma uns comprimidos pra dar barato. Prepara, aí sim, o néctar, a estrela de sua festinha particular, uma seringa com heroína. Faz um torniquete, procura uma das poucas veias que ainda aguentam o tranco de uma agulhada. Enquanto a droga injetada vagueia pelo corpo, ele enxuga meia garrafa de tequila e, para dar a liga final, fuma um baseado.

E quem me descreveu essa cena, com uma sinceridade comovente, num fim de tarde comum, foi o próprio. Continua.

Ele se deita no chão sobre uma mandala, abraçado a um grande crucifixo. Acende um Marlboro light e vê pela enésima vez Jim Morrison cantar: "This is the end, my only friend, the end of our elaborate plans, the end of everything that stands, the end, no safety or surprise, the end..." [Este é o fim, meu único amigo, o fim dos nossos planos traçados, o fim de tudo que interessa, o fim sem saída nem surpresa, o fim...].

Difícil tal cena ser imaginada. Por mais exagerada e absurda que possa parecer, isso acontecia nos últimos dias do mergulho profundo a uma viagem tenebrosa e solitária que, por milagre, foi interrompida graças à sua família e à perseverança de um filho. Sua busca não tinha mais um fim em si mesmo, mas o próprio desfecho embutido.

Ele é levado à força a uma clínica, e nos primeiros quatro meses fica em isolamento, sem TV ou jornais. Ao todo, o tratamento dura um ano.

Repensa. Relembra. Aos dezoito anos de idade, como jogador, faz quatro gols na estreia como profissional do Corinthians. Dias depois, faz três contra o arquirrival Palmeiras. Parece sonho de um moleque torcedor, mas assim ele começou.

Corta. Estamos agora no comício das Diretas Já. Ele, Sócrates, Wladimir e Zenon, diante de mais de 1 milhão de pessoas no Anhangabaú, ao lado de Osmar Santos, gritam: "Queremos eleições diretas!".

Num flashback, aparece com dois amigos levando uma dura da Rota, que procura o baseado que ele, Casão, dispensou segundos antes. O jogador já famoso e articulador do movimento Democracia Corintiana apanha da polícia em plena Marginal Tietê. Dias depois, é preso no aeroporto Santos Dumont com uma presença implantada pela Polícia Federal, braço repressivo da ditadura, que anunciou a prisão com toda a pompa.

Muitos acharão que o autor deste livro ou os roteiristas do suposto filme carregaram na tinta, maltrataram o teclado e exageraram, para ampliar os conflitos e pontos de virada, para tornar a narrativa mais atraente do que ela é. Impossível.

Sim, tudo isso aconteceu e está contado aqui por Gilvan Ribeiro, que não segue a ordem cronológica previsível, não se censura, não adoça, e começa pelo pior, pelos *Demônios à solta*.

Casão faz questão de contar o inferno que viveu quando era viciado em drogas e sua internação, pois para ele é fundamental passar adiante a experiência, dividir as dores da dependência e alertar para os perigos de um vício frenético, sem preconceitos, desvios ou mentiras. A verdade ajuda a sanidade.

Ele nos lembra com uma incrível riqueza de detalhes, coração aberto, sincero, memória preservada, como um alerta. Crianças, não se espelhem em mim. Vi o inferno. Passeei de mãos dadas com o demônio. E não recomendo.

Eu, "curíntia" fanático, amigo do Dotô, ou Magrão [Sócrates], acompanhei de perto as aventuras e provocações da Democracia Corintiana. Torcia por aquele camisa 9 cabeludo que frequentava as mesmas casas noturnas que eu, como o Carbono 14, na Bela Vista, achava o Rose Bom Bom muito "playba" — onde começou a cena roqueira brasileira dos anos 1980 —, era amigo dos meus amigos e jogava muito!

Desde os catorze anos ele já era bicho-grilo. Andava de Havaianas ao contrário, jeans desbotado, camiseta da irmã, tipo *baby look*. Usou tamancos na época. Saía muito com o Magrão [Sócrates], que o adotou. Casão com dezoito anos, já no profissional do Corinthians, ele com 27. Ele sábio, equilibrado, diante do garoto passional, que queria experimentar tudo na vida.

Foi em 1982, durante o show de Peter Frampton no Corinthians, que o apresentaram à cocaína. Sentiu-se Zeus no Monte Olimpo. "O cara me deu um colar com uma conchinha cheia de pó, e eu ficava cheirando e bebendo Campari a noite toda, nem vi o show. Depois fui tirar uma foto com o Peter Frampton. Eu parecia um fantasma", me disse certa vez.

Corinthians, Seleção brasileira. Seguiu o caminho dos grandes ídolos. Ficou oito anos jogando na Europa, primeiro no Porto, Portugal, e depois no Torino, Itália, com uma rotina bem família, sem se drogar, até ser introduzido à heroína. Usou três dias direto, sem parar. Sacou que aquilo não ia dar certo. A droga passou a fazer parte de sua "filosofia de vida".

Em 2005, como comentarista, se injetava e saía dirigindo o carro, vendo estrelas e fantasmas.

Galvão Bueno e, principalmente, Marco Mora, diretor executivo da CGESP (Central Globo de Esportes em São Paulo), o bancaram durante a internação. A imprensa o preservou, por respeito ao seu passado e ao grande cara que todos adoram. Até o desafeto ex-goleiro e técnico Emerson Leão, que era contra a Democracia Corintiana, o procurou e o apoiou. Paulo César Caju, craque que viveu drama semelhante, deu suporte. Assim como Lobão.

Não fugia da clínica porque queria provar que não precisava estar lá. Ficou quatro meses. Descobriu que, sim, precisava estar lá, que "dependentes químicos usam drogas para se anestesiar de algo na vida com que eles não conseguem lidar". Ficou mais oito meses, totalmente isolado, recebendo visitas apenas dos familiares.

Casão ainda faz terapia, anda com psicólogas. E, como poucos, consegue rir da desgraça pela qual passou. Voltou a ser um dos melhores comentaristas da TV brasileira.

Ciente de que é ex-dependente, grupo que, segundo ele, mais sofre preconceito no Brasil, milita agora em palestras, abre o jogo em eventos e entrevistas, alerta e expõe seu drama pessoal, tão bem contado aqui nestas páginas pelo confidente e amigo jornalista Ribeiro.

MARCELO RUBENS PAIVA
Corintiano, maloqueiro, escritor

Apresentação

Obrigado, Casão

Na noite de 16 de dezembro de 2012 entrei no Estádio Internacional de Yokohama, passei pela catraca e peguei um elevador até o terceiro andar, rumo ao centro de imprensa. Pensei que fosse sair numa sala barulhenta, cheia de repórteres e fotógrafos, ou, quem sabe, num anel de acesso à arquibancada, com torcedores, batuque, bandeiras e cornetões, mas dei num corredor longo e vazio — ainda mais longo e mais vazio por conta da minha ansiedade com a final do Mundial de Clubes da Fifa, que começaria em instantes.

Para aumentar o nervosismo, o corredor tinha um carpete azul, exatamente o mesmo tom da camisa do Chelsea. Mau augúrio, pensei, mas não por muito tempo, pois eis que lá do outro lado surge, com aquele andar inconfundível, mistura estranhamente harmônica de segurança com timidez, de maturidade com malícia — nascida nas ruas da Penha, inspirada pelo rock e curtida no peito, na raça e no humor —, ninguém menos que Walter Casagrande Júnior, o Casão, pisando com segurança sobre o repelente azul do carpete (um azul quase verde, eu diria) e espantando qualquer mau presságio do meu coração.

Enquanto nos aproximávamos, me dei conta de que uma parcela considerável da culpa por eu ser corintiano e por estar ali, do outro lado do mundo, enviado pela *Folha* para escrever sobre a final, era daquele cara vindo em minha direção.

Na época do bicampeonato paulista de 1982 e 83 e da Democracia Corintiana, vendo os jogos pela televisão ou no Pacaembu, com meu pai, eu era muito pequeno para entender racionalmente todos os signos por trás daquele cabelão e daquela ginga, mas de alguma forma sentia que havia ali uma atitude diferente. Atitude que ajudou a trazer mais justiça e graça ao futebol e ao país, atitude que ainda está presente no conteúdo e até mesmo no tom de voz dos comentários de Casagrande, na Globo — um tom de voz cuja cadência humana, enfática, genuinamente empolgada ou irritada, diferencia-se do ritmo mais homogêneo e cadenciado, em geral usado pelos homens de televisão.

Casagrande é um dos meus heróis — e não estou falando só de futebol. Quantas pessoas por aí podem se orgulhar de ter gravado o nome nas súmulas dos principais jogos do país, nos anos 1980, e nos arquivos do SNI (Serviço Nacional de Informações, órgão dedicado a espionar os cidadãos "suspeitos", durante a ditadura)? Quantos podem dizer que subiram ao palco para cantar com a Rita Lee e ao palanque para lutar pelas Diretas? Quantos, atuando numa das melhores equipes do futebol profissional brasileiro, arrumariam tempo para continuar jogando num time de várzea, o Veneno, da rua Jaborandi, e ainda ajudar a fundar um partido político, o Partido dos Trabalhadores?

Apesar de seu passado ser uma bandeira e seu presente, como diz o poema, uma lição, Casagrande tem seus demônios — demônios violentos que, mais de uma vez, quase venceram o jogo, conforme lemos, com a garganta apertada, nos primeiros capítulos deste livro.

Em 2011, depois de um ano numa clínica de reabilitação, Casagrande desabafou na TV: "Como jogador, tinha que matar um leão por dia para vencer adversários. Agora, tenho que matar um leão por dia para combater um inimigo". Os leões, felizmente, estão sendo mortos, e o inimigo, provavelmente já em alguma série C deste campeonato pessoal, está perdendo de goleada — para o bem do Casagrande, de sua família, dos amigos e dos milhões de admiradores que sempre torceram e comemoraram suas vitórias, dentro e fora do campo.

Quando enfim nos cruzamos, no corredor do estádio, em Yokohama, quis dizer-lhe muitas dessas coisas, agradecer por tudo ou, pelo menos, apertar sua mão, mas hesitei: quanta gente não deve pará-lo, todos os dias, com a mesma intenção? Acanhado, baixei os olhos e segui em frente, incapaz de soltar até mesmo um protocolar "vai, Corinthians!".

Para a minha sorte, poucos dias depois daquele (não) encontro e da vitória corintiana, recebi um e-mail do Gilvan Ribeiro, autor da comovente biografia que você tem em mãos, convidando-me para escrever esta apresentação. Que bom. Assim eu posso dizer o que não consegui, naquele corredor — cujo carpete, agora, no filme P&B da memória, compõe com a parede branca uma longa faixa alvinegra: obrigado, Casão.

ANTONIO PRATA

CAPÍTULO UM

Demônios à solta

THE HOODS
TOMORROW!
THE GUN-MOLLS
OF THE FUTURE!

As portas do inferno estavam abertas. Os demônios invadiam a casa, sem qualquer cerimônia, andavam pelos cômodos, apareciam nas paredes, sentavam-se no sofá. Como se a presença deles ali fosse algo natural. Eram feios, muito feios, horrendos mesmo. E grandes, enormes, mal cabiam no apartamento localizado na Vila Leopoldina, na zona oeste de São Paulo. Espremido entre aqueles seres descomunais estava Walter Casagrande Júnior, apavorado, sem noção do tempo e do espaço. Já perdera a conta de quantos dias essa situação absurda se repetia. Coisa de um mês, talvez. A confusão se tornava ainda maior pela quantidade de noites e manhãs que se emendavam, sem intervalo de um sono restaurador. Atingira algo em torno de dez dias em claro, sem dormir ou comer.

Não deixa de ser irônico que o ex-jogador de 1,91 m, acostumado a trombar com zagueiros corpulentos, que não se intimidava com cara feia, estivesse tão acuado agora. A irreverência sempre fora a sua marca registrada. Já desafiara com opiniões e gestos contundentes dirigentes, técnicos, autoridades, a ditadura militar nos anos 1980, e tudo o que aparecia pela frente e lhe parecia autoritário. Desde a adolescência, encarava blitze policiais com certa ironia, já fora revistado várias vezes por soldados truculentos, chegou a ser preso por porte de cocaína no auge da carreira de atacante, mas jamais se abalava. Tratava os problemas em geral, inclusive no âmbito da

Justiça, com um despudor que beirava a irresponsabilidade. Alma de roqueiro, guerrilheiro, orra, meu!

Mas aquele cara apenas lembrava, remotamente, o atacante destemido que fez sucesso em clubes como Corinthians, São Paulo, Porto, Ascoli, Torino, Flamengo e na Seleção brasileira. Magro de assustar, usava o cinto com furos adicionais, cada vez mais próximos da outra extremidade para segurar a calça na linha de cintura, e exibia as maçãs do rosto proeminentes, ressaltadas por bochechas chupadas para dentro. A sua figura esquálida e os olhos fundos, com as pupilas dilatadas, agora demonstravam só fragilidade. E medo.

"Eu tinha visões horríveis, tudo parecia muito real. Estava assustado pra caralho, via demônios pelo apartamento inteiro. Eram maiores do que eu, com dois ou três metros de altura. Alguns apareciam no quarto, outros na sala, e até uma imagem de mulher surgiu refletida na geladeira. Aí comecei a ficar com medo de ir à cozinha, já não comia, nem me sentava no sofá, porque eu os via em todos os lugares, todos os dias, constantemente. Não falavam ou me ameaçavam, mas a simples presença deles era aterrorizante. Isso durou um mês, sei lá, um mês e meio", conta o ídolo.

O pavor de se deparar com aqueles seres dos infernos o levava a desviar o olhar e a evitar qualquer tipo de contato. Por isso não chegou a guardar as feições de todas as criaturas. Em sua mente ficou registrada apenas a imagem de um deles: "O formato era de homem, só que muito maior. Os olhos, vermelhos, brilhavam. Tinha as orelhas grandes, o nariz também, a boca com os dentes caninos saindo pra fora", descreve.

Atualmente, libertado das profundezas, Casagrande procura dar uma explicação racional para a loucura daqueles dias. "Eu entrei em surto psicótico pelo uso exagerado de drogas e privação de sono. Também foi uma coisa induzida pelas pesquisas que eu estava fazendo, na época, sobre demônios", justifica.

O interesse pelo assunto surgiu como uma curiosidade meramente intelectual. Casagrande não segue uma religião e não tinha a menor intenção de se meter com magia negra ou satanismo. "Acho fundamental o fato de tudo na vida ter dois lados. Nós temos o braço esquerdo e o direito, dois olhos, duas orelhas, a porta se abre e se fecha, a luz se acende e se apaga. Se a gente jogar uma pedra pra cima, ela vai descer. Enfim, tudo tem o oposto. Então, seria muita pretensão das pessoas achar que só existem Deus e os anjos. Creio que bem e mal, sombra e luz, Sol e Lua, noite e dia, direito e esquerdo, qualquer definição de opostos são complementares. Um precisa do outro para existir. Para haver equilíbrio no Universo, que é movido a energia, é preciso existir as duas faces."

Movido por essa convicção, passou a pesquisar a origem dos mitos demoníacos. A Bíblia revela a saga de Lúcifer, anjo criado por Deus para liderar os querubins, mas que se rebelou contra o Criador e acabou expulso do Paraíso. O primeiro revolucionário de todos os tempos. A partir daí, chegou à história do rei Salomão, governante de Israel cerca de mil anos antes de Cristo. "O rei Salomão virou mago, invocou e domou os 72 demônios bíblicos. Em seguida, os aprisionou dentro de um vaso de cobre, atirado dentro do rio da Babilônia. Porém as pessoas viram o vaso ser jogado no rio e pensaram se tratar de um tesouro. Alguns homens mergulharam, acharam o recipiente e o quebraram em busca de joias, mas acabaram por libertar os demônios."

De acordo com a história, 71 demônios voltaram para seu lugar de origem. Só um deles permaneceu na Terra. "Justamente o mais poderoso, chamado rei Belial, criado logo depois de Lúcifer. Em vez de retornar, ele entrou numa estátua, que passou a ser cultuada por muita gente. As pessoas faziam oferendas e, assim, adoravam o demônio Belial", relata Casagrande.

O ex-jogador pretendia somente estudar esses mitos. Jamais imaginou que eles pudessem se materializar em seu apartamento. "Eu tinha livros, lia sobre eles, mas, ao mesmo tempo, me drogava muito. São coisas incompatíveis, algo arriscado demais, porque havia um desequilíbrio mental e emocional provocado pela droga. Eu ali, pesquisando coisas pesadas, sem ter o preparo necessário. Acabei em surto psicótico e passei a criar aquelas terríveis alucinações."

Tudo explicado à luz da razão, então? Não exatamente... Havia um detalhe que deixava Casagrande ainda mais atormentado e que até hoje lhe provoca uma incômoda interrogação. Outra pessoa, com quem havia se enfurnado naquele apartamento, compartilhava as alucinações. Embora também estivesse sob efeito de drogas, é intrigante que ela relatasse as mesmas visões demoníacas. "O lance é o seguinte: eu ainda tenho uma ponta de dúvida, tá? Acho que 90% daquilo tudo, talvez até mais, tenha sido provocado pelo surto psicótico. Mas não descarto a possibilidade de que, naquele momento, espiritualmente péssimo, eu tenha aberto uma porta que não deveria, para as energias ruins baixarem em casa."

Mas não eram somente os demônios que infernizavam a vida de nosso herói. Lembram-se daquela mulher que apareceu na porta da geladeira? Pois é, ele começou a cismar que fosse uma espécie de alma penada. Uma jovem morta naquele apartamento, antes de sua mudança para lá, que agora buscava algum tipo de redenção. "Vi uma imagem muito nítida dessa mulher e fiquei gelado dos pés à cabeça. Era uma garota, de 20, 22 anos, por aí, e eu não sabia se era real ou alucinação. A impressão foi de que ela estava atrás de mim, às minhas costas, com o reflexo na geladeira."

Enquanto vivia esse pesadelo interminável, não parava de se drogar. A porção de heroína já havia acabado fazia algum tempo. Mas ele aplicava cocaína nas veias, cheirava pó, bebia tequila, tomava remédio para dormir, tudo junto. Com esse nível de alteração de consciência, a paranoia atingiu níveis cada vez mais alarmantes. Assim, convenceu-se de que o corpo daquela mulher encontrava-se escondido em algum lugar dentro do apartamento. E entregava-se à procura insana pelo suposto cadáver. Sempre com a companhia indesejável dos demônios.

Em alguns momentos, pensou em pedir socorro. Mas não sabia a quem recorrer naquela situação tão vulnerável. Evidentemente, deixara de trabalhar como comentarista de futebol da TV Globo durante esse período. Não reunia a menor condição de sair de casa, quanto mais de botar a cara no ar em rede nacional. Fugia dos amigos, porque tinha certeza de que não seria compreendido. O mundo externo lhe parecia ameaçador, embora, ali, estivesse mergulhado nas profundezas do inferno. Se bobeasse, poderia ser internado como doido varrido. Fechado naquele universo sombrio, estava às raias da loucura mesmo.

Como qualquer um de nós, quando a coisa aperta pra valer, Casagrande tinha ímpetos de recorrer à proteção dos pais. Sobretudo da mãe, dona Zilda. Mas, matutava, como pedir colo à velha senhora num estado tão desesperador? Certamente, iria fazê-la sofrer. Depois de ter passado a vida toda, desde a adolescência, escondendo dela que usava drogas, seria justo pedir água quando não conseguia mais segurar a onda sozinho?

Por várias vezes pegou o telefone e discou o número da casa dos pais. Quase sempre de madrugada. Dona Zilda e seu Walter acordavam, sobressaltados, e corriam aflitos para atender a ligação. "Alô! Alô? Aloooôô???", diziam eles, sem ouvir qualquer resposta. Essa rotina se repetiu por diversas noites. Do outro lado da linha, com o coração aos pulos e a respiração acelerada, Casagrande não conseguia pronunciar palavra.

Até que um dia ele não aguentou mais. Precisava mesmo de colo, do aconchego do útero, quem sabe até de um padre, de qualquer coisa que lhe trouxesse um pouco de paz. E foi então que, finalmente, chamou seus pais. Em meio à confusão mental, ele se esforçou para explicar seu martírio e assentiu que levassem um padre a sua casa. Embora não fosse católico e cultivasse certa aversão pelos dogmas conservadores da Igreja, sem falar na história de conivência com o poder, Inquisição e o escambau, aquela não era hora para ideologias ou princípios políticos. Era urgente expulsar os demônios. E um sacerdote versado em ensinamentos bíblicos e no Evangelho poderia lhe dar alguma orientação para se livrar do mal.

Fazer o quê? Que venha o padre!

CAPÍTULO DOIS

Água benta

O telefone tocou naquela manhã de sábado, 22 de setembro de 2007, na casa dos pais de Casagrande. Dona Zilda foi atender com o coração apertado. A sua intuição de mãe havia disparado o alarme de que alguma coisa não andava bem com o filho. Já suspeitava, intimamente, de que aquelas ligações misteriosas à noite, no meio da madrugada ou pela manhã, bem cedinho, nas quais ninguém falava nada do outro lado da linha, partiam de Waltinho — como a família chama o seu integrante mais famoso. Ela vinha tentando, sem sucesso, estabelecer contato com seu eterno menino. Por isso deu um longo suspiro, entre aliviada — por finalmente ouvir sua voz — e aflita — por perceber o pânico em cada palavra dele. Com o tom alterado, ofegante, Casagrande relatou seu calvário, de forma abreviada, e aceitou que ela levasse um padre a seu apartamento.

Ciosa de seu dever materno, dona Zilda convocou o marido para buscar o padre Arlindo, na igreja da Pompeia, a fim de seguir em comitiva para o apartamento da rua Passo da Pátria, na Vila Leopoldina. Com ar preocupado, o pároco ouviu o relato nervoso dos pais e pediu um instante para pegar o kit básico para ocasiões dessa natureza: crucifixo, água benta e uma imagem de Jesus Cristo.

Quando o trio chegou ao prédio de Casagrande, nem foi preciso interfonar para o apartamento. Ele já havia descido e aguardava, ansioso, por seus salvadores na recepção. Não suportava mais ficar dentro de casa com os demônios. "Encontrei meu filho transtornado. Ele andava de um lado para o outro, encurvado, com as mãos para trás, segurando um grande crucifixo", lembra-se dona Zilda, emocionando-se com a simples recordação.

Até hoje Casagrande não sabe explicar de onde surgiu aquela cruz. "Não costumava ter crucifixo em casa. Não faço a menor ideia de como aquele apareceu. Acho que o comprei, talvez, mas não me lembro."

Dona Zilda procurou lhe dar carinho e seu Walter assegurou que a presença do padre iria lhe trazer paz e ainda tranquilizar o ambiente. Eles subiram, então, a fim de rezar e benzer o apartamento. Quando a porta foi aberta, os visitantes tomaram um susto. Encontraram a casa devastada, parecia que um tufão havia passado por lá. Objetos jogados pelo chão, estantes caídas, uma bagunça só.

"Ah, eu quebrei muita coisa. Desmontei o quarto todinho em busca do corpo da mulher que eu havia visto na geladeira. Botei na cabeça que aquela garota havia participado de alguma festa lá dentro, antes de eu alugar o apartamento, e havia sido morta e enterrada em algum lugar por ali. Pirei com essa ideia e comecei a tirar as prateleiras e as peças dos armários embutidos, dos guarda-roupas, tudo para achá-la. Uma viagem tenebrosa", conta Casagrande.

Depois de um instante de inércia pelo impacto inicial daquela visão de destruição, todos procuraram se recompor, e o padre Arlindo iniciou o ritual religioso. O sacerdote andou por todos os cômodos, espirrando água benta pelo local. Concluído o trabalho, não havia muito mais a fazer. A essa altura, Casagrande já dava sinais de impaciência. Por isso assegurou que se sentia melhor, com o único propósito de voltar à sua privacidade.

Ao analisar os acontecimentos agora, ele não vê sentido nesse auxílio pastoral. "Eu tenho uma religiosidade grande, mas não sigo uma religião. Nem entendo o motivo de ter chamado um padre. Estava muito confuso naquele dia e acho que precisava me apegar a alguma coisa."

Dona Zilda e seu Walter foram embora bastante preocupados com o estado em que encontraram o filho. A sua agitação, confusão mental e magreza extrema os deixaram impressionados. Mas, ao mesmo tempo, se encheram de esperança. Afinal, ele havia procurado ajuda pela primeira vez, sinal de que estava disposto a modificar o cenário caótico e seu modo de vida. A visita do padre e a purificação da casa também haveriam de lhe trazer alguma paz. O padre Arlindo voltou à paróquia confiante de que desempenhara bem o seu papel e teve a sensação de dever cumprido. O restante ficaria por conta da graça de Deus.

Mas os demônios não pareciam decididos a jogar a toalha. Casagrande olhava ao redor e não sentia nenhum alívio. Ao contrário, ficara mais apavorado. Além de não haver mágica capaz de anular o efeito da cocaína, presente havia tantos dias em seu organismo, uma ideia começava a martelar em sua cabeça: as criaturas do inferno não deviam ter gostado nem um pouco daquela invasão cristã em seu território. "Aquilo não ia servir para nada mesmo. Não curto a Igreja Católica, e acho até que a situação piorou naquele dia. Entrei numas de que a presença do padre havia irritado os demônios. Eu pensava: agora tô fodido! O padre jogou água benta na casa, o caralho... Agora, sim, eles vão me trucidar."

Ainda mais ameaçado, ele não suportou permanecer ali por muito tempo. Chegou à conclusão de que o melhor seria tirar o time de campo. Os demônios que ficassem lá; ok, vocês venceram. O jeito era procurar refúgio em outro lugar qualquer. Decidiu ir para um hotel o mais rápido possível.

A estratégia de retirada, no entanto, não teve o efeito esperado. Ele se hospedou com a noiva no Hyatt, no Brooklin, perto do prédio da TV Globo, crente de que ficaria exclusivamente com ela... enfim sós, longe daquelas criaturas dos infernos. Mas logo descobriu que os demônios o haviam seguido até lá. "O problema estava em mim. Percebi que não adiantava fugir para lugar algum."

Diante da presença de seus acompanhantes indesejáveis no hotel, não havia sentido em permanecer ali. Casagrande, então, convenceu a noiva a ir embora com ele. Quando passavam pela altura do número 809 da rua Tito, na Lapa, o Jeep Cherokee capotou. Não, a culpa não foi dos demônios, justiça seja feita. Eles não apareceram no carro, tampouco tiraram sua atenção do trânsito. Casão simplesmente dormiu em meio àquela maratona em vigília. "Eu apaguei no carro, perdi os sentidos. Estava debilitado, sem comer havia muito tempo, sem beber água havia muito tempo, me drogando havia muito tempo."

O Cherokee desgovernado, depois de capotar, bateu em seis carros estacionados na rua. O saldo ficou barato. Afinal, ele e a noiva escaparam vivos, sem sequelas, e não houve vítimas. "Havia um casamento no outro lado da rua, poderia ter pego todo mundo na calçada. Dei até sorte de não ter provocado uma tragédia."

O tranco do carro o fez voltar à consciência. Ele ainda teve forças para sair do veículo e ajudar a socorrer a noiva, que fraturara a quinta vértebra da coluna. "Acompanhei tudo, fomos levados para o Hospital das Clínicas, onde ela ficou largada numa maca no corredor. Estava muito preocupado, então liguei para o doutor Claudio Lottenberg, presidente do hospital Albert Einstein. Eu tinha o celular dele porque a gente passava férias em Comandatuba (Bahia) e jogava tênis juntos. Ele mandou uma ambulância para nos buscar na mesma hora. Assim que entrei no veículo, desmaiei."

A notícia do acidente logo se espalhou. A poucos quilômetros dali, em seu apartamento no bairro de Perdizes, dona Zilda levantou-se no domingo, ligou o rádio e sintonizou a CBN, como sempre costumava fazer. Foi assim que ela ficou sabendo do ocorrido com o filho, àquela altura em estado de coma no hospital.

Durante os três dias de tratamento no Einstein, Casagrande permaneceu sedado. No breve momento em que recuperou a consciência, ainda conseguiu fazer brincadeira: "Não falei pra você que sou o Highlander?", disse para o filho Leonardo, referindo-se ao guerreiro imortal interpretado por Christopher Lambert no filme produzido em 1986. Tão logo apresentou melhora, foi levado a uma clínica especializada em dependência química. O filho mais velho, Victor Hugo, assinou o documento que garantia a internação involuntária, à revelia do paciente, e convenceu dona Zilda a fazer o mesmo. A família concluíra que não havia outra alternativa diante de um quadro tão dramático. Começava ali um longo período de isolamento, diferente de tudo o que Casão já havia experimentado — e que mudaria radicalmente a sua vida.

CAPÍTULO TRÊS

Overdoses

Aquela não era a primeira vez que as drogas haviam deixado Casagrande na lona. Antes de ver demônios, ele já havia enfrentado problemas que quase custaram sua vida. Passara por quatro overdoses em períodos recentes, num curto espaço de tempo. Duas foram especialmente marcantes. A primeira delas por ter acontecido na presença do filho do meio, Leonardo, e provocado sua separação conjugal. O preço da dependência química ficava cada dia mais alto, mas, mesmo assim, ele não conseguia parar.

O caldo começou a entornar no início de 2006, quando ele ganhou um papelote com cerca de dois gramas de heroína e passou a aplicá-la nas veias. Sempre em casa, escondido da família. "A sensação da heroína, quero deixar isso claro, é totalmente falsa. Dá a impressão de que você está tendo o maior prazer do mundo, uma leveza, um tipo de orgasmo, mas é a mais mentirosa das drogas. Por isso as pessoas morrem", adverte.

Quando a porção minguou, para fazer a pequena quantidade render, resolveu combiná-la com cocaína. O chamado "speed". O processo era complexo e demandava certo tempo. Por isso, esperava sua mulher, Mônica Feliciano, sair de casa, juntamente com os filhos. Ao ficar sozinho, punha mãos à obra. Fervia e destilava água para dissolver a cocaína. Já a heroína exigia mais trabalho. Era preciso antes "fritá-la" numa colher, exposta à chama. Em seguida, ia jogando água até dissolver a droga. "Algo meio complicado, nunca soube fazer direito. Mas fazia do meu jeito."

Em geral, juntava dois "tiros" de cocaína e um de heroína para preparar uma dose. Um ritual que se tornou frequente. Até que a heroína chegou ao fim. O último "speed" era de 1 ml e foi colocado na seringa para facilitar a aplicação no momento oportuno. Porém, envolvido pelo vício, Casagrande escolheu se aplicar na pior situação possível. Leonardo estava em casa e o convidou para jantar fora. Antes de saírem, o pai disse que iria tomar banho e, por incrível que pareça, se trancou no banheiro para se drogar.

"Pensei: caraca, vou sair com meu filho e levar essa seringa na bolsa?", relembra. A preocupação fazia sentido. Não bastaria deixar a droga em casa, então? "Pensei nisso, mas fiquei com medo de que alguém chegasse e achasse aquela porra." Outra coisa: seria possível comer naquele estado? "É claro que não", reconhece. "Sei lá, decidi tomar e pronto." A sua capacidade de discernimento já estava comprometida.

Furtivamente e com pressa, Casão injetou 1 ml de "speed" na veia. Só se esqueceu de um detalhe importante: aquela quantidade equivalia a duas doses e havia sido preparada com o propósito de ser usada com um intervalo entre as aplicações. "Botei tudo de uma vez, rapidamente, pois o Leonardo estava em casa e podia aparecer a qualquer momento. Estranhamente, apesar da dose excessiva, não aconteceu nada na hora. Aí eu me levantei, fui até a pia, lavei a seringa e a guardei dentro da bolsa. Quando fechei o zíper, em frente ao espelho, houve uma explosão no meu peito. Explodiu mesmo: bummmm... e eu voei. Saí cerca de um metro do solo, bati contra a parede e caí no chão."

Havia entrado em convulsão. O seu corpo se debatia e fazia uma tremenda barulheira ao se chocar com os ladrilhos e o vaso sanitário. Entretido com o computador, Leonardo ouviu o som da queda e tomou um susto. Veio correndo e bateu na porta: "Pai, pai, o que está acontecendo? O que está acontecendo?", repetia, aflito. Casagrande ainda conseguiu responder: "Calma, não é nada". Mas também falava palavras desconexas. Só uma coisa passava por sua cabeça naquele instante: "Eu não posso morrer aqui, com meu filho do lado de fora do banheiro. Não posso morrer!".

Do outro lado, Leonardo se desesperava. Percebia que algo muito sério acontecia com o pai e não sabia como agir. Apesar do estado crítico, Casagrande se mantinha consciente. "Não deve ter chegado a um minuto, mas a minha impressão é de que durou horas. Eu babava, me debatia e não tinha mais controle sobre meu corpo. Pipocava no chão, fazia muito barulho, bam, bam, bam, uma coisa louca. Sentia que não ia suportar mais e, puta merda, comecei a pedir: para, para, para, eu não vou aguentar!"

Leonardo já planejava arrombar a porta. "O que foi, pai? O que foi?", perguntava ele, extremamente nervoso. Mas a convulsão começou a amenizar. Aos poucos, Casagrande recuperou o domínio sobre o corpo, conseguiu se levantar e destrancar a porta. Disse que havia escorregado e batido a cabeça. "Poxa, eu conheço o cara. Nunca o tinha visto escorregar em nenhum lugar antes, e ele me manda uma dessas? Nem o chuveiro estava ligado. Lógico que não acreditei", comenta Leonardo. Sem expressar sua desconfiança naquele instante dramático, limitou-se a amparar o pai até a cama. "Já estou melhor", assegurou Casa, ao se deitar, para acalmar o garoto. "Só o jantar terá de ficar para outra ocasião."

Mônica chegou em casa em seguida e encontrou o marido se recuperando na cama. "Não estou muito bem, não tô legal", reclamou ele. Sem imaginar o que havia acontecido, a mulher o tranquilizou: "Você está impressionado, logo vai ficar bem". Pensava ser apenas um trivial tombo no banheiro. Pouco depois, ela saiu com Leonardo para jantar. Sozinho, Casão percebeu que o problema ainda não havia passado.

Durante a hora em que Mônica e Leonardo ficaram ausentes, ele alternava picos de crise e sintomas mais amenos. "Às vezes, entrava de novo em convulsão, depois passava... altos e baixos, sucessivamente. Eu estava muito louco, foi uma dose cavalar. Então, comecei a conversar com meu coração. Falava pra ele assim: meu, caralho, você está comigo desde que eu nasci. Porra, não vai me deixar na mão agora! Não bate mais do jeito que você está batendo, porque eu não vou aguentar. Você tem de ficar quieto."

Chegava a fazer carinho no próprio peito, tentando acalmar o coração. "Não faz isso, cara, sossega, não faz isso", repetia, assustado. O coração foi fiel e resistiu bravamente à descarga colossal do "speed". Mas seu dono percebeu que seria necessário buscar ajuda médica. Assim que Mônica e Leonardo regressaram, ele pediu socorro. "Preciso ir para o hospital", avisou. Não podia fazer gesto algum. Qualquer movimento provocava a aceleração excessiva dos batimentos cardíacos.

A mulher e o filho o levaram para o hospital, onde foi colocado numa cadeira de rodas e encaminhado para o quarto. No primeiro atendimento, ao lado de Mônica, manteve a versão do tombo no banheiro e o trauma na cabeça e nas costas. Assim, o tratamento inicial seguiu nesse sentido. Mas ele sabia que teria de falar a verdade mais cedo ou mais tarde. Então, encontrou um subterfúgio para afastar a mulher dali. "Vai ver se o Symon já chegou", sugeriu, referindo-se ao filho caçula. "Você já está melhor?", quis saber Mônica. Ele assentiu, e ela partiu para encontrar o filho.

Ao ficar sozinho com o médico, Casagrande abriu o jogo. "Eu não bati a cabeça", revelou. Por conta de sua experiência, o médico já desconfiava de que havia acontecido algo diferente do que tinha sido contado. "Poxa, eu sabia... tinha certeza de que o problema não era uma batida de cabeça. Cara, você não vai ficar aqui, não. Vai ter de ir para o Einstein agora. E outra: você precisa de ajuda, fala para a pessoa mais próxima, conta pra sua mulher o que está acontecendo. Você está muito mal, cara", disse o médico.

Ele gelou ao ouvir o conselho. No fundo, tinha consciência de que não havia alternativa, mas relutava em revelar o uso de drogas para a mulher. Sabia que ela era radicalmente contra. Mônica jamais podia imaginar que o marido fizesse uso de substâncias pesadas, ali, nas suas barbas, escondido da família. Por ser um sujeito tão forte, ex-atleta, um touro mesmo, conseguia dissimular o que, talvez, fosse impossível para a maioria das pessoas. "Porra, se eu falar para a minha mulher, ela vai me largar, doutor", lamentou-se, com receio de encarar a situação. "Não, ela vai ajudá-lo", rebateu o médico.

Ao ser transferido para o Einstein, onde iria receber tratamento específico, ele se viu praticamente obrigado a enfrentar o momento tão doloroso e constrangedor: o de contar para Mônica que era dependente químico havia tempos. A sua companheira de décadas perdeu o chão com a revelação. Segurou a onda no primeiro momento, pela condição crítica do marido internado, mas o relacionamento, a partir dali, nunca mais seria o mesmo.

"Aí começou a crise no casamento. Mônica ficou muito puta, porque ela se sentiu enganada, e realmente estava sendo mesmo", reconhece Casagrande. Depois de receber alta, ele voltou para casa, mas o susto não foi suficiente para fazê-lo mudar de vida. A dependência química não é algo que se escolhe, foge do âmbito de uma decisão racional. Quando se está envolvido nela, torna-se difícil superá-la. Requer muito esforço e, quase sempre, tratamento especializado. Algo de que ele ainda não havia se convencido que precisava.

"Continuei fazendo as mesmas coisas, do mesmo jeito, só com mais cuidado, mais atento em relação às doses. Eu estava fodido mesmo, a minha cabeça estava torta, muito down", analisa. Mônica bem que tentou perdoá-lo, mas, talvez por não sentir no marido arrependimento sincero e disposição para lutar contra o mal, alternava estados de espírito. Ora se mostrava compreensiva, até carinhosa, ora irritadiça e pensando em separação.

Naquela semana em que deixou o hospital, Casão ainda se manteve "pianinho" para tentar limpar sua barra. "Fiquei uma semana sem usar nada. Fiz o jogo bonitinho na quarta-feira à noite (participou da transmissão como comentarista da TV Globo) e voltei pra casa. Mas, na quinta de manhã, a Mônica pediu uma carona para o trabalho dela e foi me agredindo dentro do carro com palavras ásperas, caminho inteiro, falando em separação. Eu estava meio desnorteado...

Depois que a deixei, parei num restaurante lá em Alphaville e pensei: se eu uso droga e estou mal, ela fica puta; se eu faço a coisa certa, ela fica puta também. Então, que se foda! Agora vou fazer tudo do jeito que eu quero."

Esse pensamento é típico de dependentes químicos, que procuram justificativa para usar a droga e atribuem a responsabilidade a terceiros, normalmente uma pessoa próxima, como a mulher.

O cenário estava pronto para ele se afundar ainda mais e jogar no lixo um casamento de tantos anos. Voltou a pegar cocaína e heroína. "Comecei a me injetar naquele dia mesmo: quinta o dia inteiro, inclusive à noite; sexta o dia todo, virei a noite de novo e, no sábado de manhã, eu estava morrendo."

Fui testemunha de seu descontrole. Como editor do *Diário de S. Paulo*, no qual Casagrande tem uma coluna aos sábados, cheguei a manter contato com ele na sexta-feira, 24 de fevereiro de 2006. Na época, eu o ajudava a escrever o texto, missão posteriormente assumida pelo jornalista Fernão Ketelhuth. Em geral, quando não nos encontrávamos pessoalmente durante a semana, conversávamos por telefone. Eu anotava suas ideias e depois as colocava no papel. Mas, naquele dia, por motivos óbvios, não conseguia localizá-lo. O celular caía na caixa postal e, apesar das mensagens gravadas, cada vez mais incisivas, não obtinha retorno. As ligações para o telefone de sua casa também não eram atendidas. O horário do fechamento do jornal se aproximava, e nada de ele dar sinal de vida. Um sufoco.

Quando eu já pensava numa alternativa para preencher o espaço reservado para a coluna, resolvi fazer uma última tentativa. Dessa vez, para minha surpresa e alívio, ele atendeu. Porém num estado deplorável. Falou que estava deprimido, na cama, e não tinha forças para nada. Nem sabia como conseguira correr ao telefone naquele momento. Emocionalmente dilacerado, queria desabafar. Expliquei que precisava escrever "voando" a coluna porque já estava quase na hora de a edição fechar. Propus que escolhêssemos um tema e que ele me desse sua opinião em linhas gerais, o mínimo para eu desenvolver o texto. Mas o cara não tinha a menor condição. Então, me pediu para escrever o que eu quisesse, só daquela vez, um favor de amigo. Afinal, eu sabia a forma dele de pensar, seus valores e suas ideias, pela convivência ao longo dos anos. Tampouco ele queria deixar de publicar a coluna, para não chamar a atenção das pessoas — afinal, até ali, o seu drama ainda não se tornara público.

Percebi que essa era a única maneira e não insisti mais. Só ponderei que, por mais que conhecesse seus pensamentos, eventualmente poderia escrever algo com o qual ele não concordasse. "Se isso acontecer, eu banco. Uma mão lava a outra", disse. Prometi que voltaria a ligar tão logo concluísse a edição. Estava realmente preocupado com ele. Nunca o havia encontrado em estado tão abatido.

O tema escolhido para a coluna foi Vanderlei Luxemburgo. Mais especificamente o fato de o atacante Edmundo estar cobrando uma dívida antiga do técnico na Justiça. Com a agravante de o treinador ter pego dinheiro emprestado na época em que comandava a Seleção brasileira, o que, evidentemente, misturava a questão pessoal com a profissional. E se Edmundo se recusasse a participar da transação? Em tese, poderia ter sofrido retaliação e deixado de ser convocado. Ou, por outra ótica, a grana dada também poderia ajudar o jogador a ser "lembrado".

Tratava-se de uma relação promíscua, e Casão não haveria de aprová-la. Esse era o fato novo, que acabara de vir à tona, e se juntava a uma série de enroscos já conhecidos de Luxemburgo, como falsidade ideológica e sonegação fiscal. A coluna, em tom ácido, desancava o técnico, apesar de reconhecer seu talento e lamentar que seus trambiques o afastassem da Seleção.

Embora contundente, tomei todo o cuidado para não dar margem a qualquer ação judicial. Seria constrangedor fazer Casagrande ter de se defender por algo que eu havia escrito. E mais um problema, naquela situação, era tudo o que eu não queria arranjar para ele.

Assim que terminei o texto, liguei novamente, como havia prometido. Não tocamos no assunto da coluna, nem havia clima para isso. Servi como confidente, ele precisava de um ouvido amigo, não se conformava com a ideia de separação, proposta por Mônica. Contou-me o que havia se passado nos últimos dias, a overdose e tudo o mais. Transtornado, levantava a hipótese de a mulher ter um amante e tentava encontrar um motivo para ela querer largá-lo, como se o uso de drogas pesadas e suas mentiras não fossem suficientes. Descartei, prontamente, essa bobagem: claro que ela não estava apaixonada por outro. Argumentei que ele havia traído a confiança da mulher, e a melhor forma de reconquistá-la seria respeitando seus sentimentos e dando provas de que iria mudar de vida. Com o tempo, as cicatrizes se fechariam.

Aquela foi a conversa telefônica mais longa que já tivemos. Durou cerca de uma hora, mas não adiantou nada. Ele se encontrava em queda livre e parecia sentir atração irresistível pelo abismo.

CAPÍTULO QUATRO

A primeira internação

Na manhã de sábado do dia 25 de fevereiro de 2006, portanto um dia depois de nossa conversa, Casagrande sentiu que ia morrer. Num sopro de sobrevivência, ligou para o psiquiatra e explicou tudo o que havia feito nos últimos dias e como seu estado era desesperador. Diante desse relato tão dramático, o médico não teve dúvida: passou-lhe o endereço de uma clínica especializada em dependência química e determinou que ele seguisse direto para a instituição no bairro da Pompeia. Essa primeira internação foi por um período relativamente curto: quarenta dias, o mínimo para superar a fase crítica. "Achei legal, comecei a treinar bastante e a fazer exercícios, além de ir todos os dias correr no parque Villa-Lobos com um enfermeiro. Mas o buraco ficava mais embaixo. No nível em que eu estava, era insuficiente."

Solidária a seu parceiro desde a juventude, Mônica participou do processo terapêutico, submetendo-se a entrevistas com profissionais da clínica. No fundo, mesmo magoada e disposta a se separar, ainda cultivava a esperança de que Casagrande se recuperasse e a família pudesse se reestruturar. Porém uma surpresa fora-lhe reservada, algo surpreendente e insólito: Casagrande se envolveu afetivamente com uma psiquiatra que conhecera na clínica.

Quando acabou o período de internação, o paciente e a médica mantiveram contato. E não demorou para que os dois assumissem o relacionamento amoroso, o que provocou a demissão dela da clínica.

A dor e a indignação de Mônica foram, principalmente, por se sentir invadida e manipulada. Ela reclamava do fato de ter sido entrevistada e respondido a perguntas até sobre a intimidade do casal. Mas o par recém-formado se mostrava apaixonado e determinado a pagar o preço desse amor proibido. O argumento deles era de que a paixão é algo incontrolável e, por vezes, brota involuntariamente, em situações impróprias e inadequadas. Como diz a música "Paula e Bebeto", de Milton Nascimento, "toda maneira de amor vale a pena", sustentavam na época.

O relacionamento progredia rapidamente. Houve até festa de noivado no bar A Marcenaria, na Vila Madalena, embalada pela banda Expulsos da Gravadora, formada por Luiz Carlini (guitarra), Mr. Ruffino (baixo), Franklin Paolillo (bateria) e Nando Fernandes (vocal). Além de vários roqueiros amigos de Casão que se revezavam no palco, em canjas sucessivas para animar a noite. Assim, os convidados tiveram o prazer de ver apresentações de Marcelo Nova (ex-Camisa de Vênus), Nasi (ex-Ira!) e Simbas (ex-Casa das Máquinas). Até o repórter Abel Neto, da TV Globo, ex-vocalista de um grupo de reggae, soltou a voz na casa noturna, assim como o colunista Benjamin Back, do jornal *Lance!*, mostrou seu talento como baterista amador. Compareceram outros músicos profissionais pesos-pesados, como os integrantes do Sepultura, mas estes chegaram mais tarde e só se sentaram à mesa para beber e conversar, sem qualquer exibição.

A apresentadora Adriane Galisteu também marcou presença, juntamente com o meia Roger (ex-Fluminense, Corinthians e Cruzeiro), então seu namorado, antes de ele se casar com a atriz Deborah Secco. Encontravam-se lá, ainda, diversos jornalistas amigos do noivo, como José Trajano e Juca Kfouri (ESPN Brasil), Ari Borges (Band) e Mauro Naves (Globo), além do comentarista de arbitragem Arnaldo Cezar Coelho, colega de Casagrande na mesma emissora.

O romance ia tão bem que os noivos deixaram a festa relativamente cedo, ainda com a presença de muitos convidados, para se recolher à intimidade. O casamento parecia questão de tempo.

Aparentemente recuperado da dependência de drogas, Casagrande retomou seu lugar como comentarista da TV Globo e cobriu a Copa do Mundo da Alemanha, em meados daquele ano. A noiva o acompanhou na viagem, reforçando a imagem de casal em lua de mel.

"Depois dessa primeira internação, fiquei legal por um tempo. Fiz a Copa da Alemanha bonzinho pra caralho", assegura Casagrande. "Mas, quando voltei, começou tudo de novo."

Há muitas armadilhas no caminho do dependente químico, que precisa de preparo e muita determinação para não recair no vício. Qualquer cena que remeta ao uso de cocaína ou heroína pode desencadear o processo cerebral relacionado ao prazer e instigar o ex-usuário a voltar à ativa. Isso aconteceu com Casagrande quando assistiu ao filme sobre a vida de Ray Charles, interpretado por Jamie Foxx, papel que lhe valeu o Oscar em 2005. Ao ver o DVD com a história do músico viciado em heroína, apesar de todos os problemas ali relatados, o "vírus" da dependência se manifestou novamente. "Passei mal em casa e comecei a arrumar desculpa pra sair. Assisti num sábado à noite e fiquei dois dias com fissura (desejo quase incontrolável de consumir a droga). Na segunda-feira, voltei a usar cocaína. E voltei pesado."

Em dezembro, o descontrole se tornou evidente: não morreu por um triz. Com viagem a Natal marcada, para passar as festas de fim de ano, ele nem chegou a embarcar com a noiva. Passara a se injetar cocaína novamente e, no dia 21 de dezembro, teve outra overdose. "Dessa vez não havia heroína. O problema foi de potência na aplicação da dose. A coronária começou a fechar e eu passei muito mal mesmo, estava morrendo."

A noiva ligou para o médico, relatou a emergência e o levou às pressas para o consultório localizado na avenida Angélica. "Ele sabia dos meus problemas, claro, então houve uma tentativa de resolver o caso sem me expor publicamente." Mau negócio. Ao chegar em frente ao consultório, Casagrande desmaiou por insuficiência cardíaca e respiratória. "Os batimentos estavam caindo a galope e aí tive de ser levado imediatamente para o Einstein, correndo sério risco de morte."

No hospital, por onde já havia passado no início do ano, seu problema também era conhecido. Assim, o esquema foi previamente montado para recebê-lo. "Cheguei, fui direto para a UTI, e os médicos me salvaram. Dessa vez, sobrevivi por pouco mesmo."

A constatação, entretanto, não provocou nenhuma mudança de rumo. "Continuou tudo normal", diz. Como assim, tudo normal? "Não me assustou de novo... Eu era impetuoso, né, cara?" Nada o detinha. Ao longo dos anos, Casão enfrentara diversos problemas de saúde, capazes de derrubar qualquer simples mortal, mas o velho guerrilheiro da bola, com alma de roqueiro rebelde, não parava jamais. A essa altura, já não tinha parte do intestino grosso, tirada por conta de uma diverticulite, experimentara todos os tipos de hepatite, sífilis, o escambau. Ele se tratava, controlava as moléstias e seguia em frente.

Não seriam a insuficiência cardíaca e quase a morte que o fariam escolher outra direção. Ao contrário, ainda voltaria a incluir a heroína em seu cardápio. Talvez fosse preciso, mesmo, contar com os préstimos dos demônios e o acidente de carro para sair daquele buraco infernal. Depois de dar de ombros para tantos avisos de que necessitava tomar uma atitude drástica, não lhe restou escolha. Em setembro de 2007, depois de ser socorrido do acidente novamente no hospital Albert Einstein, acabou sendo levado sob sedação para a clínica Greenwood, em Itapecerica da Serra, a 33 quilômetros de São Paulo.

Essa clínica é conhecida por ser fechada e impor regras rígidas ao tratamento de dependentes químicos em grau avançado. Casagrande ficaria ali por um longo ano, a maior parte desse período sem contato com a família e os amigos, completamente afastado do mundo externo. O seu convívio social seria limitado aos profissionais especializados e aos outros pacientes. Sofreria para se adaptar à nova realidade, tão distinta de seu estilo de vida.

CAPÍTULO CINCO

Memórias do exílio

Despertou sem noção de nada. Olhou para o teto, para as paredes do quarto, para as coisas ao seu redor, não reconheceu o ambiente. "Onde estou?", perguntava-se. Ainda sob efeito da medicação que havia tomado, e que só agora começava a se dissipar, sentia certa confusão mental. Aos poucos, procurou organizar os pensamentos e reconstituir os últimos acontecimentos de que se lembrava para tentar entender o que fazia ali. Tinha vaga ideia de que sofrera um acidente, fora levado ao Hospital das Clínicas e pedira transferência para o Albert Einstein. Porém, decididamente, não estava lá — um local que conhecia tão bem. Esperava ver alguém da família a seu lado, mas se encontrava sozinho.

"Acordei num lugar estranho, não sabia se era São Paulo, se estava no Brasil, qual a direção em que ficava, eu não sabia nada", recorda-se. Os terapeutas da clínica lhe davam poucas explicações nesse primeiro momento, e ele só conseguiu entender melhor o que se passara bem mais tarde. "Eu estava muito frágil, então não tinha nem forças para me revoltar. Só depois de algum tempo, quando comecei a melhorar fisicamente e a recuperar a sanidade, passei a entrar em conflito, porque achava que não tinha de ficar lá."

Após dois, três meses, tornara-se extremamente impaciente. Em sua avaliação, já que permanecera todo aquele tempo sem usar droga, estava "limpo" e pronto para regressar à vida normal. Não compreendia que o seu grau de dependência exigia tratamento prolongado. Manifestava preocupação com seu trabalho, alegava que iria perder o emprego, precisava cuidar da família, dos filhos. "Isso martelava na minha cabeça, e eu insistia nesses pontos com os médicos. Mas se eu não havia pensado em tudo isso antes, por que iria ficar preocupado a essa altura, internado na clínica? Era um pretexto para sair de lá."

A resistência ao tratamento durou quatro meses. Um tempo interminável, no qual se sentia preso e se desesperava por não poder se encontrar ou falar com nenhum integrante da família. Completamente isolado do mundo externo, não tinha meios sequer de pedir ao filho mais velho, Victor Hugo, e à sua mãe para tirá-lo da clínica. Um dos motivos da privação de contato é justamente esse. Se pudesse conversar com eles, as chances seriam grandes de convencê-los de que já superara o problema. Lançaria mão de todos os argumentos e artifícios: chantagens emocionais, mecanismos para despertar o sentimento de culpa dos parentes, promessas enfáticas de que nunca mais voltaria a usar drogas, o alto custo mensal da internação, enfim, tudo isso, aliado ao seu inegável poder de sedução, faria qualquer pessoa querida fraquejar.

Em dado momento, resolveu jogar pesado. "Parei de pagar a mensalidade na tentativa de ser mandado embora." Recusando-se a assinar o cheque, completou dois meses de inadimplência. E foi assim que um dos psicólogos que cuidavam dele o chamou para uma reunião: "Você vai sair daqui, continuar naquele ciclo vicioso e, em breve, regressar para cá? Ou vai se tratar até receber alta e ter uma vida normal lá fora?", perguntou. O ultimato deu resultado. Ele resolveu acertar as contas e prosseguir com a internação. Além de ouvir os argumentos do terapeuta, tinha consciência de que sua família não permitiria passivamente aquela ruptura unilateral.

Cansado de dar murros em ponta de faca, Casagrande por fim capitulou. Percebeu que a única maneira de sair de lá seria aceitar o tratamento. Mas não mudou de postura meramente como uma estratégia em busca da liberdade. Além da conclusão lógica de que sua resistência só iria estender o período de internação, convenceu-se da necessidade de isolamento e da terapia em período integral, longe das armadilhas da vida cotidiana.

"Foram as duas coisas. De fato, eu entrei no tratamento, fiz tudo direitinho, comecei a acreditar nos psicólogos e naquilo que eles falavam para mim. Se eu tivesse feito um jogo apenas para sair da clínica, me fingindo de bonzinho para ter alta, hoje estaria com o mesmo comportamento de antes. Percebi, ali, uma oportunidade para me transformar como ser humano", explica.

A partir desse momento, permaneceria mais oito meses internado, totalizando um ano na clínica, com rotina extremamente rígida. As suas obrigações diárias deviam ser cumpridas à risca, sob pena de sofrer punições e descer alguns degraus na, digamos, escala evolutiva — o que só acarretaria privações adicionais e deixaria a meta mais distante. A programação de deveres seguia padrão quase militar, tamanho o rigor da disciplina imposta aos internos.

Assim, acordava todos os dias, impreterivelmente, às sete horas. Quinze minutos depois, já tinha de regar a horta, uma das funções atribuídas a ele no início do tratamento, juntamente com outro paciente. Em seguida, das 7h45 às 8h25, praticava educação física. O café da manhã era servido pontualmente às 8h30. Nessa primeira fase, cabia a ele a tarefa de tirar a mesa do café. Às 9 horas, formava um grupo de cinco internos e voltava para a horta a fim de limpar os canteiros. "Para mim, era um saco", confessa. "Mas fazia parte do processo de tratamento para desenvolver a humildade. O dependente químico se torna um tanto prepotente, porque a droga o leva a não cumprir obrigações."

Durante meses, precisou se dedicar a esses serviços. Também arrumava a sala de reuniões de grupo, à tarde. Tirava todas as cadeiras, passava pano no chão, organizava as prateleiras de livros, assim como os jogos e materiais de terapia. Tudo isso tinha de ser realizado em quinze minutos. Se não concluísse dentro do tempo estipulado, perdia pontos, necessários para obter recompensas.

O sistema de pontuação semanal vai de zero a dez. Quem não atinge seis, por exemplo, fica sem refrigerante no fim de semana, quando os internos têm direito a duas latinhas. Para receber visita, regalia restrita àqueles que estão em fase avançada do tratamento, é necessário somar pelo menos sete pontos. Cada passo do paciente é avaliado e levado em consideração. Existem regras em todas as atividades: no fumódromo, não é permitido se comunicar com os colegas, nem por gestos. Qualquer desvio provoca perda de pontos.

De acordo com a gravidade do erro, há punições mais severas, como o confinamento no quarto. Casagrande experimentou tal castigo, durante 24 horas, por ter tentado passar o número do telefone de sua mãe ao irmão de um paciente. "Queria que ele ligasse para ela e pedisse para me tirar de lá, dissesse que eu estava desesperado para sair." Conforme o caso, o isolamento pode durar mais, meses até.

Essa linha de tratamento é bastante contestada por psiquiatras e psicólogos adeptos de outras correntes terapêuticas. Mas, embora tenha discordado de algumas punições desse tipo, ao longo de sua permanência na clínica, Casagrande acabou por entender a necessidade de ações mais duras em determinadas situações. "Há pessoas que não têm condições de conviver com outras durante um período de crise. O método da clínica inclui atividades em conjunto; então não pode ter ninguém remando contra a corrente."

Os casos de dependentes que ficam confinados por longos períodos causam mais contestação. A impressão é de que se trata mais de uma prisão do que uma clínica destinada à sua recuperação. "É cruel, tem gente que fica seis, sete meses isolada do convívio com os demais. Mas, ao mesmo tempo, vejo que a clínica precisa tomar alguma atitude para a pessoa cair na realidade. Quem apresenta um quadro de agressividade fica separado até se enquadrar."

Esse não era o caso de Casão. Ele nunca apresentou comportamento agressivo ou reagiu com violência, nem quando estava sob efeito de drogas, muito menos durante a internação. Aliás, cabe aqui uma correção. Casagrande — o comentarista popular e ex-jogador de futebol — jamais foi paciente da clínica. Quem estava lá era o Walter. Todos os internos e funcionários só o chamavam assim, pelo primeiro nome. Uma forma de humanizar o personagem e tirar a aura criada pela fama.

"O fato de ter começado a manter contato com o Walter me mostrou o quanto ele estava doente, tinha problemas emocionais e se escondia atrás do Casagrande. Hoje, eu sou o Walter a maior parte do tempo, e de uma forma legal. Um cara que cuida das pessoas queridas e dele próprio, com consciência da doença e do tamanho do problema que pode causar a si mesmo", assegura.

Passaram-se sete, quase oito meses, para que Walter ganhasse sinal verde para receber visitas. Durante esse período, ele passava por tratamento e os familiares também. Precisaram ser preparados para lidar com aquela situação complexa. Dona Zilda sofria profundamente. Afinal, ela e Victor Hugo haviam dado o aval para a internação involuntária do filho.

"A minha maior angústia era não ter ideia de como ele iria reagir quando se encontrasse na clínica e soubesse que eu havia assinado o documento para a internação", afirma dona Zilda. "Ficamos sete meses sem poder falar com ele. Nós só o observávamos por um vidro, pela janela de uma sala, mas ele não nos via, nem sabia que estávamos lá. Era uma aflição."

Todos precisaram de muita paciência. Além da distância da família, Walter sofria com a privação de contato feminino. "Fiquei um ano sem sexo e, pior, sem carinho ou qualquer tipo de amor. Não se pode nem encostar em uma mulher." A clínica comportava 32 pacientes, homens em sua maioria. "Havia poucas mulheres lá dentro e, ainda assim, eu as olhava só como outras pessoas doentes, como eu."

Não havia espaço, ali, sequer para amizades. Os internos são monitorados o tempo todo, para evitar a formação de grupos ou panelinhas. Por isso foi um alívio quando as visitas começaram a ser permitidas. Ainda que os encontros fossem breves, sempre com a mediação de um terapeuta, já eram uma referência afetiva, e traziam com eles um pouco de sua história. "Foi muito emocionante meu primeiro contato com o Victor, o Leonardo e o Symon. Eu já havia entendido que meus filhos tinham feito o que era melhor para mim. A minha relação com eles, hoje, é ótima."

Mesmo na condição de ex-mulher, Mônica também participou do processo terapêutico. "Ela demonstrou preocupação, interesse, carinho e afeto por mim", reconhece Casagrande. Os dois mantêm uma relação relativamente amigável, com uma ou outra discordância, como é comum em separações conjugais.

Eu mesmo tive a oportunidade de encontrá-lo na clínica, em sua primeira visita depois das dos familiares. Ele havia engordado vinte quilos e voltara a se parecer com a imagem consagrada do personagem Casagrande. Sempre sob a supervisão de um terapeuta, fiz uma longa entrevista com ele, publicada no *Diário de S. Paulo* em 27 de julho de 2008. Naquela ocasião, também conversamos, pela primeira vez, sobre a proposta da Globo Livros de contarmos a sua história. Ele ficou animado com o projeto e pediu ao psicólogo que o acompanhava para buscar um livro no quarto. Quando voltou, me presenteou com a autobiografia de Eric Clapton. Estava empolgado com o que lera sobre o ídolo do rock e do blues, a quem sempre admirou.

Havia ganhado o volume de quatrocentas páginas na festa de amigo secreto, no fim do ano anterior. Ele próprio escolhera aquele presente, escrevendo seu desejo num papelzinho, colocado junto com os outros pedidos dos demais participantes. O paciente que o tirou como amigo precisou primeiro submeter a sugestão ao corpo clínico. Depois da aprovação, pediu a um familiar para comprar o livro — era assim que funcionava a troca de presentes no Natal.

Casagrande se inspirava na biografia de Eric Clapton por se tratar de um dos monstros sagrados do rock que haviam sobrevivido ao uso pesado de drogas. A maioria de seus ídolos morrera jovem, de overdose: Jim Morrison, Janis Joplin, Jimi Hendrix... Durante muito tempo, cultivara certa atração por aquele fim fatal, como se fosse seu destino cumprir a sina de viver intensamente e morrer até os trinta anos — uma ideia juvenil lançada nos anos 1960 por Mick Jagger, que, ironicamente, envelheceu nos palcos sem perder a energia. A trajetória revelada por Clapton, que superara a dependência de heroína, cocaína e álcool, abria agora uma nova janela. Muito mais ensolarada.

Diante de seu entusiasmo com a oportunidade de também revelar ao mundo sua saga, combinamos que faríamos juntos o projeto do livro tão logo ele saísse da internação. Mas seria preciso controlar a ansiedade. Walter só receberia alta em outubro daquele ano. Além disso, descobriria, ao ser posto na rua, que existia muita coisa a reparar em sua vida, antes de mais nada.

A TV Globo havia mantido seu contrato em vigor durante o longo período de afastamento, pago normalmente seu salário e lhe dado todo o apoio para o tratamento. No momento em que Walter voltasse a ser Casagrande, teria a obrigação moral de honrar a confiança depositada nele e seguir o roteiro estabelecido pela emissora para o retorno gradativo às transmissões. Também precisaria filtrar, pelo menos por algum tempo, o círculo de amizades — para minimizar o risco de sofrer recaída. E o mais importante de tudo: precisava se reaproximar dos filhos e saldar a dívida afetiva contraída com a família.

CAPÍTULO SEIS

A vida lá fora

Finalmente, a liberdade tão sonhada: em outubro de 2008, Walter deixou a clínica em Itapecerica da Serra. Porém, antes de voltar a ser dono de seu nariz, ainda precisou cumprir uma fase intermediária, durante um mês, quando cada passo dado tinha de ser comunicado aos terapeutas. Havia avaliações na unidade da clínica Greenwood localizada na avenida Brigadeiro Luís Antônio, em São Paulo, destinada a pacientes logo depois da alta. Além de se submeter a sessões de terapia, era observado de perto pelos profissionais para averiguar se continuava sem usar qualquer droga.

Na prática, saíra do regime fechado e entrara em uma espécie de "condicional" a fim de provar que estava pronto para voltar plenamente ao convívio social. Durante esse período, morou em um flat na praça Roquete Pinto, na confluência das avenidas Pedroso de Morais e Faria Lima, no Alto de Pinheiros. Radiante de alegria, ele me ligou contando a boa-nova e marcamos de almoçar no sábado. Naturalmente, os profissionais da clínica foram avisados sobre o compromisso: iria se encontrar com o jornalista Gilvan Ribeiro no restaurante Fidel, em tal lugar, em tal horário, tintim por tintim.

Porém na sexta-feira ele telefonou desmarcando o encontro, porque a ex-mulher de Marcelo Fromer, o guitarrista dos Titãs morto por atropelamento em 2001, ligara propondo um almoço naquele sábado. Ana Cristina Martinelli, a Tina, estava de partida para Portugal e queria se despedir de Casagrande, que tivera estreita amizade com o músico — um dos projetos interrompidos de Fromer era escrever a biografia de Casão. Combinamos, então, que eu iria ao flat mais tarde, por volta das dezesseis horas. A alteração de planos teve de ser avisada à clínica, em todos os seus detalhes.

Assim, cheguei ao flat às quatro da tarde e o encontrei agitado, assistindo a um DVD de rock pauleira, AC/DC, metal pesado. Fumava um cigarro atrás do outro, como eu nunca tinha visto. Fiquei preocupado, já que esperava vê-lo mais tranquilo. Ele assegurou que estava bem, apenas ansioso por estar de volta ao mundo externo. Conversamos um pouco sobre o projeto do livro e assuntos variados, até que seu celular tocou. Era um ex-interno da Greenwood, disposto a visitá-lo com sua namorada, também ex-paciente da clínica. Ele concordou, apesar de todos os riscos que envolviam a decisão.

Não gostei nada daquilo. Uma das regras impostas pela clínica é justamente a proibição de ex-internos se encontrarem. A restrição existe por razões óbvias. O que todos eles têm em comum? Claro: o uso desmedido de drogas. Nada mais natural, portanto, que as conversas versassem sobre experiências do passado, algumas com sabor de aventura — o que potencialmente é capaz de atiçar o desejo tão combatido. E Casa ainda estava sob observação. Qualquer pisada na bola poderia lhe custar o regresso a Itapecerica da Serra.

Eu não queria desempenhar mais uma vez o papel de grilo falante. Afinal, o sujeito já era bem grandinho. Só o adverti, de leve, sobre as possíveis consequências. Mesmo assim, ele autorizou a subida do jovem casal, aparentemente adolescente, e ainda permitiu que estacionasse o carro em sua garagem. Ao alugar um apartamento, ele tinha direito a uma vaga no estacionamento do flat, mas não a usava, porque ficara a pé desde o acidente. Dessa forma, deixou mais uma pista dessa visita inesperada, além do número no celular: a placa do veículo visitante iria ficar registrada no sistema de computadores do flat. Meu Deus!

A visita do casal durou uma hora e pouco. Permaneci um tanto mais e logo me despedi: começava a anoitecer, e Casa precisava tomar os remédios prescritos pelos psiquiatras para relaxar e dormir. O bom-senso mandava tratá-lo como convalescente. Quando me acompanhou até a porta, me fez um incômodo pedido: "Você pode conversar na recepção e colocar a chapa do seu carro como ocupante da minha vaga no estacionamento?". Não aceitei aquela proposta indecente. Logo eu que discordava daquilo tudo! Expliquei que não poderia cometer uma fraude, algo contra os meus princípios, e ainda abriria o flanco para ser acusado de acobertar atitudes perigosas para um dependente químico em fase crucial do tratamento. Ele me olhou como se eu fosse um traidor da pior espécie, mas não insistiu. "Beleza, até mais, então...", limitou-se a dizer.

Por mais que ele não admita ter me retaliado, não há dúvida de que sentia mágoa. Simplesmente não me telefonou mais e parou de atender minhas ligações. Ainda deixei recados em sua caixa postal, mas não recebi nenhum retorno. Interrompemos, assim, a nossa convivência por mais de um ano. Desisti de procurá-lo e toquei a minha vida. O projeto do livro estava engavetado.

Tempos mais tarde, quando voltamos a nos encontrar, Casão atribuiria o sumiço repentino a uma orientação da psiquiatra. Ele ainda não estaria pronto para contar a própria história e reviver passagens capitais — para o bem e para o mal — que lhe deixaram marcas ao longo dos anos. Algo bastante compreensível, sem dúvida. Porém, por que não falar disso abertamente, tanto para mim como para a editora? "Eu não sabia como dizer não, ainda mais pelo nível de envolvimento a que já tínhamos chegado com a ideia do livro. Precisava de mais tempo para trabalhar uma série de aspectos na terapia", justificou-se quando nos reaproximamos, ao retomar sua coluna no *Diário de S. Paulo*.

Só então fiquei sabendo que a rebeldia de encontrar ex-internos da clínica, ainda em processo de reabilitação, havia queimado, de fato, seu filme com os terapeutas que avaliavam sua evolução. Uma turminha se formara a partir daquele momento: pacientes se reuniram outras vezes e saíram juntos, apesar da proibição expressa.

Alguns deles tiveram recaída. Somente ao constatar, por experiência própria, o perigo daquelas companhias, em plena tentativa de virada em sua vida, Casão resolveu cair fora. Chegou a confessar o delito aos terapeutas, esperando apenas uma advertência. Mas as regras da Greenwood são inflexíveis. Os profissionais recomendaram à família um novo período de internação em Itapecerica da Serra. Ele só não voltou a ser confinado graças à firmeza de Victor Hugo, que acreditou na capacidade de o pai seguir seu próprio caminho e fazer suas escolhas. Os dois, inclusive, passaram a morar juntos.

Claro que ele não ficou sem nenhum apoio terapêutico. Depois da ruptura com a clínica, uma psiquiatra e três psicólogas foram contratadas para ajudá-lo a reorganizar a vida e a lidar com as emoções e os sentimentos guardados por tanto tempo, durante o uso mais intenso das drogas. Chegara a hora de mergulhar em si mesmo, se conhecer melhor e resgatar as relações familiares, relegadas a segundo plano até então.

Como seriam a volta ao trabalho, a convivência com os amigos e os parentes, o julgamento das pessoas em geral? Afinal, seu drama se tornara público a partir do acidente de carro e a consequente internação. Era necessário medir cada passo para atenuar possíveis preconceitos que poderiam desestabilizá-lo e provocar nova queda no precipício. Um desafio colossal o esperava.

CAPÍTULO SETE

Os filhos

Cada filho sofreu à sua maneira o drama paterno. São três personalidades completamente diferentes. O mais velho, Victor Hugo, então com 21 anos, demonstrou maturidade. Depois da difícil decisão de determinar a internação à revelia, houve um episódio lembrado por Casagrande até hoje com indisfarçável orgulho. Tão logo mantiveram contato na clínica, depois de sete meses sem trocar olhar ou palavra, o pai, sempre envolvente e com alto poder de persuasão, lhe disse que se sentia ótimo e já preparado para retomar a vida normal. Sugeria ao primogênito, sutilmente, que o tirasse o quanto antes dali. Sem iniciar qualquer discussão ou sermão, bem ao seu estilo, Victor lhe respondeu simplesmente: "Ótimo pai; então os terapeutas da clínica vão chegar a essa conclusão logo, logo e lhe darão alta. Parabéns", limitou-se a comentar. Hábil, não se intimidou à frente da figura paterna, tampouco entrou em conflito.

Victor nasceu durante o período em que Casagrande estava concentrado com a Seleção brasileira para a Copa do Mundo de 1986, disputada no México. "Por isso, nunca vi foto dele com minha mãe grávida. Os primeiros registros me mostram no colo dele, depois que ele retornou do Mundial e nos encontrou aqui em São Paulo."

Por ter pego o auge do pai como jogador, Victor não contou com sua presença constante em casa. As concentrações, jogos e viagens o afastavam. Mesmo assim, guarda boas recordações dos dois juntos. Quando havia oportunidade, recebia atenção e carinho. "Na minha infância, embora ele fosse meio ausente, nos momentos em que podia estar comigo, comparecia ao máximo como pai. A gente fazia tudo junto: via televisão, desenho animado, ouvia música, dormia na mesma hora e tudo mais. Ficava grudado mesmo."

Tanto havia essa sintonia que Victor herdou vários gostos de Casagrande. É o mais roqueiro entre os irmãos e chegou até a fazer parte de uma banda de *heavy metal*: Lethal Eyes (Olhos Letais, em português), mesmo nome de uma música cuja primeira versão da letra fora escrita por ele mesmo. Mais tarde, os parceiros de banda deram sugestões e houve algumas adaptações, num processo de criação coletiva. Ele cantava e tocava baixo. No dia em que decidiu comprar o instrumento e aprender música, recebeu um estímulo e tanto. "Meu pai ligou na hora para o Nando Reis me passar umas dicas pelo celular. Fiquei realmente emocionado, pois sou grande fã dos Titãs."

Além da veia roqueira, Victor compartilha o interesse por desenhos animados e histórias em quadrinhos. Chegou até a ajudar o pai a escrever o argumento de uma delas, produzida pela Fábrica de Quadrinhos e publicada pela Editora Abril, na revista *Linha de Ataque — Futebol Arte*, em 1998, pouco antes da Copa na França. A história, intitulada "O primeiro confronto", mostrava um jogo disputado por animais, caracterizados para lembrar os jogadores da Seleção brasileira daquele Mundial, e compunha o gibi juntamente com outras três, de autoria de José Trajano, Armando Nogueira e Marcelo Fromer.

"Herdei dele esse prazer de criar. Desde criança fazíamos histórias de super-heróis, essas coisas. Isso influenciou na escolha da minha profissão. Cogitei parar de estudar e seguir com a banda de *heavy metal*, estilo musical que aprendi a gostar com ele, mas acabei decidindo fazer faculdade de rádio e TV, outra influência do meu pai na minha formação."

A ligação afetiva é tamanha que Victor carrega uma tatuagem do rosto de Casão, com a assinatura dele, no bíceps direito. Até seu nome se deve a inspirações paternas. "Inicialmente, eu iria me chamar Fidel, em homenagem a Fidel Castro, mas minha mãe não deixou. Então, ficou Victor Hugo, por causa do escritor francês", conta, referindo-se ao autor de *Os miseráveis* e *O corcunda de Notre Dame*, entre outros clássicos.

Enquanto estudava, e logo depois de se formar, Victor começou a "ralar" para ingressar no mercado de trabalho. Ficou por algum tempo na O2 Filmes, produtora de Fernando Meirelles, como acompanhante de *casting*, ajudando a organizar o processo de seleção dos candidatos que iam fazer testes para comerciais. Esse trabalho era voluntário, não propriamente um emprego, apenas uma forma de ter alguma experiência na área e se aproximar do mundo das câmeras. Em seguida, foi para a Rede TV como estagiário de produção. Trabalhou por um mês no programa *Ritmo Brasil* e outros dez no *Pânico na TV*.

Na sequência, Victor se transferiu para a Record como estagiário de edição. Por um ano, colaborou com o *Terceiro tempo*, apresentado por Milton Neves, e com outros programas esportivos exibidos durante a semana. De lá, passou pela ESPN Brasil como produtor da parceria com a Rádio Eldorado. Depois de um ano, recebeu convite para ser roteirista de um programa em outra emissora, mas o projeto acabou abortado. Desempregado por seis meses, trabalhou em telemarketing, fez curso de locução e se aventurou a narrar corridas de autorama em shoppings. "Quase comecei a viajar pelo Brasil narrando campeonatos de autorama", diverte-se. "Mas resolvi não me afastar da minha área, e houve a proposta para ser assistente de produção do programa *Brothers*, dos irmãos Supla e João Suplicy, na Rede TV."

Em março de 2011 surgiu a chance de ser roteirista, função que sempre desejou, no *Hoje em dia*, da Record. "Fiquei muito contente, porque o que mais me dá prazer é escrever. Nas minhas horas de lazer, desenvolvo ideias de programas de rádio e televisão. Peguei também meu trabalho de conclusão de curso da faculdade, um roteiro de desenho animado, e estou adaptando-o para virar um livro. Quando estiver pronto, vou procurar uma editora para tentar publicá-lo."

Até Casagrande chegar ao nível agudo da dependência, o sinal de alerta não havia acendido para Victor. "Talvez seja até um defeito, mas eu tenho uma espécie de memória seletiva e procuro pensar positivo o tempo todo. Não prestava muita atenção. Cursava faculdade e trabalhava ao mesmo tempo... Só a partir da primeira internação do meu pai passei a acompanhar melhor essa questão e visitá-lo sempre que possível. Na clínica, ele criava bastante, escrevia poesias, desenhava e até fez um quadro pra mim, meu retrato, que está no meu quarto lá na casa dele."

Salvo um ou outro comentário que lhe fizeram mal, Victor não enfrentou grandes constrangimentos pelo fato de o problema do pai ter se tornado público. Certa vez, houve uma saia justa em seu ambiente de trabalho, na Record. Um funcionário, sem saber do parentesco, o achou parecido com Casagrande e começou a brincar sobre o uso de drogas. "Percebi que a coisa estava tomando um rumo nada bom e saí de perto. Virei no corredor seguinte e ainda deu tempo de ouvir os colegas advertindo o sujeito: 'Meu, esse cara é filho do Casão mesmo!'. Foi chato, mas não guardei rancor."

Fora isso, chateou-se com críticas mais ácidas feitas por Ronaldo e Romário, que já tiveram rusgas com seu pai, e ao ver gozações em programas humorísticos. Racionalmente, ele até entende que o humor é território livre, praticamente sem limites, sobretudo hoje em dia. Porém se incomoda quando extrapolam nos comentários maldosos. "O Rafinha Bastos, por exemplo, já fez uma piada no *CQC* a esse respeito. Até o admiro como humorista, mas na hora fervi. Depois assimilei e não levei tão a sério. Os ataques do Romário e do Ronaldo me machucaram mais, porque achei um lance gratuito."

Quando Casagrande saiu da internação, os dois passaram a morar juntos. Dividiram o apartamento de dezembro de 2008 a outubro de 2011, quando Victor se casou.

Embora tenha grande admiração pelo pai, tanto como homem quanto como jogador, Victor não torce pelo Corinthians, clube do coração de Casão desde criança e onde o atacante despontou para a fama. Ao contrário, optou pelo maior rival, o Palmeiras, empolgado com a equipe campeã paulista de 1996, formada por Velloso, Cafu, Rivaldo, Luizão, Muller, Djalminha e companhia, sob o comando do técnico Vanderlei Luxemburgo.

Aliás, cada filho escolheu um clube diferente. Leonardo, o segundo, é são-paulino. Ou, pelo menos, era na infância e na maior parte da adolescência, seduzido por Raí. Hoje, tentando seguir carreira no futebol, diz não torcer mais por nenhum time. Já o caçula, Symon, tornou-se santista, na esteira de Diego e Robinho. Mais democrático, impossível. Curiosamente, não há nenhum corintiano, para decepção do avô Walter, nascido numa família alvinegra de carteirinha. Mas Casão nunca se incomodou com isso e até, deliberadamente, tomou cuidado para não influenciá-los. Jamais gostou de imposições.

Se Victor herdou do pai o interesse criativo e a faceta intelectual, os outros dois filhos dão preferência ao lado boleiro. Não que o mais velho não tenha praticado esporte. Estimulado pela mãe, ex-jogadora de vôlei e professora de educação física, experimentou várias modalidades na infância e adolescência: kung fu, boxe, judô, caratê, jiu-jítsu, basquete, vôlei... Claro, também jogava futebol, de preferência como goleiro, mas jamais teve a meta de se tornar jogador profissional. Esse objetivo deixou para os irmãos mais novos.

Na época em que Casagrande sofreu o acidente de carro, Leonardo atuava nas categorias de base do Palmeiras, como centroavante. Quando ficou sabendo da notícia, num domingo de manhã, acabara de acordar. Tinha jogo naquele dia, mas, evidentemente, não pôde comparecer. Ligou para o técnico, Jorginho, ex-ponta-direita da Portuguesa e do Palmeiras, e explicou a situação. Nem precisava. "Já estou sabendo, você está liberado do jogo, não tem problema", procurou tranquilizá-lo o treinador.

Quem ligou dando a notícia a Leonardo foi tia Zenaide, irmã de Casagrande. Toda a família entrou em polvorosa e correu para o Albert Einstein. No hospital, o que mais o impressionava eram a magreza extrema e as manchas roxas pelo corpo do pai. Mas essa debilidade não chegava a ser surpresa. Além de ter presenciado a primeira overdose no banheiro de casa, quase um ano e meio antes, ele via seu ídolo definhar já havia algum tempo. Inclusive, depois de uma briga com a mãe, passara três dias na casa do pai e conferira a decadência de perto. "Ele já estava feio, mal, muito magro. E usava o dia todo pijama de mangas compridas e calças longas, meias, inteirinho coberto." Era preciso esconder as marcas de agulha nas veias.

Com toda a repercussão em torno do caso, Leonardo se tornou alvo de brincadeiras de mau gosto feitas por colegas de equipe. "Os caras simulavam que estavam cheirando alguma coisa, o pessoal achava graça e ria", lamenta. Forte e impetuoso, não foram poucas as vezes que o jovem centroavante enfrentou os próprios companheiros. "Todo dia tinha conflito, discussão. Nessa época, briguei com quase metade do time. Isso aí foi bem desagradável..."

Em 2008, já no Juventude-RS, ouviu uma ou outra provocação, mas por parte dos adversários. "Em uma partida do Juventude B contra o Grêmio B, entrei no segundo tempo e botei fogo no jogo. Quase fiz um gol... o zagueiro tirou com a mão e o juiz apitou pênalti. No final, um cara do Grêmio falou assim: 'É, dá um remedinho aí que o menino gosta, e o pai dele também!'. Quando terminou o jogo, faltou pouco para ter confusão em campo. Respirei fundo umas quinze vezes para não fazer uma merda gigante."

Era duro ver seu maior ídolo caído. Leonardo sempre se espelhou nele, admirava sua força, rebeldia e qualidade de artilheiro. Vira e mexe, acessa o site YouTube para assistir aos gols de Casagrande. "Gosto muito da imagem do meu pai como jogador. Cabeludo, forte, de estatura elevada, ótimo cabeceador... ele me inspirou a seguir no futebol. Toda vez que comprava um jogo novo de videogame, a gente o criava. A imagem dele como jogador é uma imagem que eu quero para mim."

Leonardo presenciou uma overdose — uma passagem bem aflitiva. No entanto, o maior abalo teve o caçula. Adolescente, Symon se sentiu abandonado numa fase importante de sua vida e sofria em silêncio. O pai não imaginava o quanto. Mas iria descobrir em breve, e de forma inesquecível. O garoto abriria o coração para todo o Brasil, em rede nacional de TV, e levaria Casagrande às lágrimas na frente de todo mundo.

CAPÍTULO OITO

Domingão do Faustão

A Rede Globo traçou um roteiro cuidadoso para reintroduzir Casagrande no universo da TV. A direção da emissora tomou todas as precauções para não queimar etapas, nem religar o seu principal comentarista na tomada de alta voltagem das transmissões em rede nacional sem o aquecimento adequado. Dessa forma, ele voltou primeiramente ao *Arena SporTV*, programa de debates em canal fechado. Ao mesmo tempo, era necessário preparar os telespectadores, com os mais diversos perfis, dos liberais aos conservadores, para recebê-lo sem preconceitos. As drogas ainda são tabu em vários lares brasileiros, e o envolvimento com elas poderia ter desgastado a imagem do jogador. Nada melhor, portanto, do que expor o drama do ídolo, fazê-lo contar em detalhes a queda e mostrar toda a família para iluminar um pouco aquele terreno de trevas.

O caminho escolhido para alcançar o público de todo o Brasil foi o *Domingão do Faustão*. No dia 10 de julho de 2011, Casagrande tomou conta do programa e passou seu recado com muita eficiência aos telespectadores. Antes de entrar em cena, foram mostrados gols de sua carreira, pelos diversos clubes em que atuou, com a trilha sonora "Fazendo música, jogando bola", de Pepeu Gomes. Enquanto isso, o apresentador dizia tratar-se de um dos maiores astros do futebol brasileiro, que estreara como profissional aos dezoito anos, com quatro gols no Pacaembu. No final do clip, o craque foi chamado ao palco.

Ao recepcioná-lo, Faustão ressaltou conhecer Casagrande há muito tempo, dando aval a seu caráter. "Conheço essa fera desde os dezesseis anos de idade", testemunhou. Em seguida, iniciou uma longa entrevista na qual o ex-jogador pôde falar do vazio após ter encerrado a carreira no futebol, com a diminuição drástica das emoções após os jogos, o consumo mais intenso de drogas, a dependência química, o acidente de carro, a internação e o impacto de tudo isso sobre seus três filhos e sobre os pais. A bola estava com ele.

"A vida de jogador de futebol é muito intensa. Treina todo dia, tem muita visibilidade... o tempo passa rápido e você não percebe. Quando vê, já está com trinta anos, tendo de parar de jogar, sem nada armado para depois. Então, quando o cara para, a primeira impressão é de sossego, de paz. Pô, agora vou estar na minha casa, vou fazer o que eu quiser, vou poder me divertir com meus filhos e tudo mais. Mas aí ele começa a sentir falta de alguma coisa", explicou Casagrande. Ele citou até Ronaldo, que, embora tenha atividade profissional bem-sucedida fora dos campos, jamais experimentará novamente as sensações proporcionadas pelo esporte. "Você tem muitos prazeres naquela vida. Veja o exemplo do Ronaldo: não existe nada, daqui pra frente, que possa substituir a intensidade da emoção e do prazer por ter feito dois gols numa final de Copa do Mundo contra a Alemanha. Mesmo que faça sucesso em outra profissão. Porque o maior defeito do ser humano é tentar substituir ou preencher o vazio deixado por outra coisa que lhe deu prazer", completou.

O próprio Casagrande conseguiu uma trajetória vitoriosa depois de pendurar as chuteiras. Articulado, carismático, com bom nível cultural e identificado com a Democracia Corintiana, movimento libertário que conquistou corações e mentes pelo Brasil afora em plena ditadura militar, não demorou a ser convidado para trabalhar na TV como comentarista. Iniciou na ESPN Brasil, pelas mãos de José Trajano, e mais tarde chegou à maior emissora do país.

"Estou na Globo há catorze, quase quinze anos. O tempo foi passando e eu entrava nesse conflito. As pessoas até perguntavam: 'Por que você não tá legal? Você foi um jogador bem-sucedido, trabalha numa grande empresa, com toda segurança, num trabalho fantástico...'. Mas faltava alguma coisa, eu não conseguia preencher o prazer que buscava." Indagado por Faustão se as drogas entraram em sua vida somente a partir daí, ou se já fazia uso na época de jogador, explicou: "O meu relacionamento com as drogas foi quase de curiosidade inicial na adolescência. Mas, quando parei de jogar, encontrei erroneamente um falso prazer que a droga dá. Naquele momento, conseguia anular o vazio que eu sentia, mas é uma coisa muito falsa, porque o vazio era deste tamanho (mostrou com as mãos), eu usava droga e me sentia aparentemente melhor, e quando passava o efeito, o vazio estava ainda maior".

Casagrande relatou que um dos efeitos da cocaína é o congelamento emocional: "Ela te deixa frio, nem feliz, nem triste". Pela obsessão em buscar droga e conseguir consumi-la sem ser notado, inventava mentiras e criava situações para se afastar do convívio social e familiar. Dessa maneira, acabou se distanciando das pessoas amadas e demorou a perceber os danos que causava a elas. Isso só aconteceu durante a internação prolongada. "Eu estava sendo muito egoísta, uma característica do dependente químico. Assim, fui descendo a ladeira e tive um acidente muito feio de carro."

A internação involuntária e o tratamento na clínica foram relatados por Casagrande. Na sequência, entraram no ar depoimentos da família, previamente gravados. O primeiro a falar foi Leonardo, contando o episódio da overdose presenciada em casa. Constrangido, o pai revelou sua dor por ter exposto o garoto a um acontecimento tão pesado: "Lamento pela situação que coloquei o Leonardo. Isso deve ter acarretado problemas psicológicos a ele. Eu o ajudo ainda hoje... ele tem uma psicóloga e vai ao psiquiatra para aprender a lidar com essa situação". (Leonardo já parou de fazer terapia, contra a vontade dos pais).

Na sequência, Victor apareceu para explicar como optou pela internação forçada, depois de ouvir a sugestão de um médico. E concluiu de forma carinhosa: "Tudo que meu pai fez a ele mesmo trouxe uma tristeza particular a cada membro da família, mas eu só cresci com essas experiências. Aprendi com os erros dele, com os meus erros, e hoje acho que sou uma pessoa muito melhor do que era antes. E ele é uma pessoa muito melhor, também, depois do que aconteceu".

A plateia, emocionada, aplaudiu com entusiasmo. Àquela altura, já ficara claro que o público reagia com solidariedade ao drama. O objetivo de evitar a rejeição ao comentarista estava sendo alcançado. Para arrebatar de vez os sentimentos, nada melhor do que os pais idosos, anunciados por Faustão como seus velhos conhecidos — afinal, Fausto Silva iniciou a carreira como repórter de campo e transitava no ambiente do futebol. Dona Zilda surgiu na tela falando sobre o peso de ter assinado a ordem de internação e o receio de que o filho se sentisse traído e acabasse por se revoltar contra ela.

Seu Walter emendou uma declaração de incondicional amor paterno: "A gente pensa que essas coisas nunca acontecem na vida da gente; eu não notava nada diferente nele quando o via, é difícil perceber. Mas agora só quero lhe mandar um abraço bem apertado, agradecer por todas as alegrias que você deu para mim e para sua mãe. Aquela fase já passou e nunca mais vai acontecer. Fica com Deus, meu filho!".

Faustão aproveitou a deixa para enfatizar que Casagrande proporcionara uma vida melhor e mais confortável aos pais, a partir da ascensão como jogador. O apresentador lembrou ainda que seu Walter e dona Zilda já haviam passado por outro sofrimento, no passado, com a perda de uma filha de apenas 22 anos, Zildinha, vítima de ataque cardíaco.

Aqui vale abrir parênteses. A morte de Zildinha, em 1979, foi um acontecimento marcante para o então adolescente Casagrande. Ele era muito apegado à irmã mais velha, que ajudara a cuidar dele desde o nascimento. A jovem estava em casa, com os dois filhos pequenos, quando sofreu um infarto do miocárdio. Foi fulminante. "Isso mexeu muito com a cabeça dele. Um duro golpe para todos nós", atesta seu Walter.

O próprio Casa não consegue dimensionar o impacto dessa tragédia em sua vida. Acostumou-se a não expressar muito as emoções e só passou a demonstrá-las mais recentemente, por conta de diversas sessões de terapia. Mas não resta dúvida de que o episódio lhe deixou sequelas. Começou a zombar mais da vida, quase a desafiá-la, por ter aprendido a lição de que ela é traiçoeira. Por mais que se respeite a danada, constatou logo cedo, a aventura neste mundo pode acabar sem mais nem menos, estupidamente.

Zildinha brincava com as crianças quando caiu sem vida no sofá. Ela não estava doente, nem houve nenhum sinal anterior de alerta. O caráter inesperado da morte, aliado ao drama dos meninos que perderam a mãe tão precocemente, potencializou a dor da família.

Assim que soube do ocorrido, Casagrande dirigiu-se à residência de Wagner de Castro, o Magrão, seu amigo desde a infância, para procurar apoio naquele momento difícil. Até hoje Magrão não se esquece da cena. Depois de ser chamado pelo parceiro, abriu a porta e o viu lá embaixo, no pé da escada que dava acesso ao sobrado, completamente encharcado. "Era hora do almoço e chovia forte. Estranhei ao vê-lo todo molhado, com a roupa colada ao corpo e a água escorrendo pelos cabelos. Percebi, no ato, que havia algo errado", relata Magrão. "Você vem comigo ao Hospital da Penha?", propôs Casão. Ao perguntar o que havia acontecido, Magrão recebeu a notícia como um soco no estômago: "Pô, meu... a minha irmã morreu!".

Os dois foram juntos ver o corpo e se encontrar com o marido dela, Zé Carlos, ainda em choque. Todo mundo estava atordoado, quase sem acreditar que aquilo pudesse ser verdade. "O Casa nunca foi de demonstrar muito seus sentimentos... Mas uma das poucas vezes que o vi chorar foi no enterro da Zildinha", diz Magrão.

A citação desse acontecimento, por Faustão, aumentou ainda mais a temperatura do programa. Tudo colaborava para criar um clima de intimidade, com revelações autênticas, sentimentais e, sobretudo, corajosas diante de um público tão grande. Praticamente impossível não se identificar com uma família como aquela, típica da classe média brasileira. Era gente como a gente, com suas alegrias e tristezas, sucessos, tropeços, derrotas e superações.

Ficava cada vez mais claro que ninguém iria dar as costas para Casagrande e impedi-lo de renascer na TV Globo. Faustão, então, passou o recado: "Nós estamos mostrando essa história aqui, e o Casagrande obteve autorização do Carlos Henrique Schroder, diretor de jornalismo da Globo, do Ali Kamel, do Luiz Fernando Lima, do Marco Mora (outros diretores da emissora), a meu pedido pessoal, por ter muitas e muitas famílias espalhadas pelo mundo vivendo esse problema. Gente envolvida com droga vê o que aconteceu com o Casagrande — ele mais do que passou do fundo do poço — e isso serve de alerta".

Para o telespectador tomar fôlego, depois de tantas emoções com os familiares, houve um bloco com colegas de trabalho para atestar seu caráter e mostrar que se tratava de pessoa querida no ambiente profissional. Cléber Machado, na época apresentador do *Arena SporTV*, disse se sentir honrado por seu programa ter servido de plataforma inicial para o retorno do comentarista. Caio Ribeiro destacou a admiração pela figura humana do parceiro, enquanto Galvão Bueno descreveu a conversa de Casagrande com o próprio coração, durante uma das overdoses (relatada no capítulo 3), para demonstrar seu jeito especial de ser.

A essa altura, a maioria absoluta dos espectadores, seguramente, já vestia a camisa de Casão na eterna luta contra as drogas. Humildemente, ele reconhecia que o jogo não estava ganho. Numa comparação com os desafios vividos como jogador, admitia enfrentar uma batalha bem mais complicada. "É uma coisa muito mais difícil, muito mais pesada. Como jogador, tive de matar um leão por dia para vencer adversários, mas agora tenho de matar um leão por dia para combater um inimigo muito mais forte do que eu. É a luta pela vida", definiu, arrancando mais aplausos da plateia.

Em seguida, o ídolo concluiu: "Um dos passos principais do tratamento é você se olhar no espelho e admitir que é um fracassado perante a droga. Mostro minha fragilidade tranquilamente. O melhor, para mim, é ter consciência de que preciso de ajuda mesmo, e só assim consigo virar o jogo. Tenho três psicólogas e uma psiquiatra. Se me sentir desconfortável em alguma situação, não penso duas vezes em ligar para uma delas".

Se o programa terminasse ali, já teria sido um golaço. Mas faltava o grande final, a cereja do bolo, para o público se debulhar em lágrimas, juntamente com o personagem principal. O desabafo cortante de Symon, o filho caçula, foi uma revelação até mesmo para o próprio pai. Faustão ofereceu um copo d'água a Casagrande, prevenindo-o de que viria algo contundente pela frente. Como diria Galvão Bueno, haja coração, amigo!

Com jeito de menino desamparado, Symon levou o pai a nocaute ao descrever a proximidade deles em sua infância, quando o atacante acabara de encerrar a carreira, e o doloroso distanciamento à medida que o garoto se tornava adolescente. "Eu gostava quando ele ia me pegar na escola, era algo que não via os pais dos meus colegas fazerem. Gostava porque passava mais tempo com ele. Quando comecei a crescer e cheguei mais ou menos aos doze, treze anos, ainda tinha proximidade grande com meu pai, mas sentia que começava a haver um declínio. Quando sentia saudade, pensava que ele estava resolvendo coisas de trabalho, então eu não interferia, porque acreditava no que ele me falava. Era meu melhor amigo e não tinha por que não acreditar", disse, colocando seguidamente a mão no rosto, entre emotivo e envergonhado diante da câmera.

O depoimento de Symon prosseguiu: "Quando houve o acidente, fui visitá-lo no hospital, vi como estava mal e não entendi o porquê. E aí teve a reunião com o médico... até então eu não queria participar, porque não queria ouvir coisa ruim sobre ele, eu não acreditava no que falavam. A família inteira já sabia e, por eu ser o mais novo e ter contato maior com ele, as pessoas resolveram me blindar dos problemas que aconteciam. Senti raiva... A coisa que eu mais senti foi raiva. E tristeza. Porque ele fez uma coisa que fala para a gente não fazer. E aí senti raiva dele, senti raiva de todo mundo".

Enquanto passava a gravação com Symon, Casagrande era mostrado no palco, visivelmente abalado. Mas o caçula ainda daria o chute final, com a precisão de um pênalti implacável. "Chegou um momento em que eu não sabia o que ia fazer da vida. Hoje, não tenho melhor amigo. Se tenho, é a minha mãe, que me ajudou muito. Esse problema me aproximou dela e hoje ela é a minha melhor amiga", ressaltou.

Nessa altura, as lágrimas já escorriam pelo rosto do pai, num clímax familiar sem precedentes, mostrado ao vivo para todo o Brasil. No final, o garoto deixou uma porta aberta: "Ele pode me reconquistar do jeito que era antes. Quero que ele seja meu melhor amigo, como sempre foi, como é dentro de mim, mas quero que ele prove pessoalmente isso pra mim", enfatizou.

Diante do que sobrou de Casagrande, completamente desmontado, o público aplaudia de pé ao ver o pai decidido a reconquistar o filho. Ele se recompôs e descreveu sua sensação diante de revelações tão profundas. "A princípio, vendo o depoimento dele, foi me dando uma tristeza... Fiquei pensando: era isso mesmo! Quando o Victor e o Leonardo nasceram, eu ainda jogava e não tínhamos muito contato. Já o Symon nasceu no meu último ano no Torino, vim para o Flamengo e logo parei de jogar. Então, estava com o Symon todo dia mesmo, eu o levava ao clube, ia buscá-lo na escola... Era pequenininho e, quando eu chegava na porta da escola, ele abria um sorriso tão gostoso, tão natural, tão verdadeiro, né? Com o decorrer do depoimento dele, fui tendo outra visão. Foi muito legal eu ter visto isso. Se tenho vários objetivos na vida, agora tenho um mais importante ainda: reconquistar a amizade do meu filho."

A opinião pública já estava conquistada ao final do programa. Faltava agora conseguir fazer o mesmo com Symon. Mas isso era questão de tempo. Casagrande saiu de lá mais disposto do que nunca a se reinventar.

CAPÍTULO NOVE

Inferno na torre

Verdade seja dita: nem sempre as drogas mostraram sua face de horror na vida de Casagrande. Há muitas histórias divertidas, sobretudo na adolescência e juventude, que lhe trazem boas lembranças. Aventuras ao lado de amigos malucos e impagáveis, que deixaram saldo positivo em sua memória, tornam mais complicado se livrar definitivamente do impulso de alterar os sentidos. Mesmo que a experiência mais recente tenha sido devastadora, uma porção significativa de seu inconsciente ainda relaciona o uso de "aditivos" ao prazer.

A sedução da droga já começa pelo rótulo de "proibido", tentação que acompanha o ser humano desde a maçã de Adão e Eva. Um atrativo a mais para os jovens em plena fase de experimentação de sensações desconhecidas e contestação dos valores impostos pelos pais, de quem tentam cortar a ligação umbilical. Para um garoto irreverente, curtido na cultura do rock e reprimido pela ditadura militar do Brasil nos anos 1960, 70 e 80, era quase um caminho natural a ser seguido. E Casagrande pegou essa trilha logo cedo, por volta dos quinze anos. Inspirado nos astros da música pop, buscava viver intensamente, sem se preocupar, àquela altura, com as consequências disso no futuro.

As experiências iniciais se deram com as "bolinhas", como se chamavam os remédios de farmácia utilizados com propósitos alucinógenos. Em grande parte das vezes, não provocavam efeito nenhum, mas, como placebos, despertavam na mente fantasiosa dos meninos a impressão de que estavam "doidões". A primeira tentativa aconteceu com Optalidon. Dizia a lenda que, se tomado em excesso, aliado ao álcool, o medicamento dava "barato" — outro termo em voga naqueles tempos. A turma se reunia na padaria Yara, famosa na zona leste de São Paulo, antes de seguir para os bailes do Clube Esportivo da Penha. Escondido no banheiro, Casagrande amassava uma cartela inteira desses comprimidos para depois dissolver nos copos de cerveja.

"Não dava nada. A gente fechava o olho e falava que estava bem louco. Acho que era mais psicológico, porque só demorávamos mais para dormir. Nada mais", lembra-se Magrão, o inseparável amigo de infância e adolescência.

Ele também estava presente quando o parceiro fumou maconha pela primeira vez. Foi no campo do Minez, espécie de chácara urbana na qual o proprietário, um japonês, plantava sua horta e onde o pessoal das redondezas costumava jogar bola, com o consentimento do dono. Naquele dia, o Saraiva, um dos moradores da região com fama de barra-pesada, reuniu um grupo de amigos para acender um baseado e convidou Casagrande e Magrão. "Não fui porque senti medo. Só ouvia dizer que maconha era coisa de bandido, e o Saraiva era muito malvisto no pedaço por conta disso. Fiquei esperando numa funilaria o Casa voltar", relata Magrão.

A curiosidade era grande: como o parceiro voltaria daquele "batismo" com a erva maldita? Quando Casagrande regressou, ele o media de alto a baixo, atento a todas as suas reações. "Ficava procurando alguma coisa diferente nele. Achava que estaria completamente alterado, com alucinações, agitado, vendo bichos subirem pelas paredes, sei lá... Mas ele se mostrava tranquilo, só ria além do normal. Parecia tão em paz, que eu pensei: o negócio deve ser bom. O que depois me levou a experimentar também, por curiosidade", relembra Magrão, que jamais entrou pesado nas drogas e hoje é um pacato representante comercial.

Na segunda vez, Casagrande conseguiu um pouco de maconha com os malandros do bairro e chamou Magrão e Coxinha, o goleiro do time da rua Jaborandi, para acompanhá-lo. Enquanto um deles dischavava o fumo na palma da mão, triturando-o com os dedos e tirando as sementes, o outro cortava o papel de seda para fazer o baseado. Coube a Casagrande a tarefa de confeccionar o cigarro. "Ele falou que tinha de ter uma carteira de identidade, e nós estranhamos, né? Mas o Casa explicou que servia para ajudar a fazer a dobra na seda antes de começar a enrolar. A gente dava voltas no quarteirão até que ele conseguisse terminar; foi difícil, mas acabou dando certo", recorda.

Depois de fumar na rua, o trio foi à tradicional quermesse da paróquia de São Estêvão Mártir, ali na Penha mesmo. "A gente ia sempre lá, um lugar onde não precisávamos gastar dinheiro. Éramos todos duros, sem um tostão no bolso, e ficávamos à espera de receber correio elegante das menininhas. Nós até recebíamos, mas, no fim das contas, acabávamos não ficando com ninguém", diverte-se Magrão.

Nesse dia, então, eles nem pensaram nas garotas. Pareciam os "Três Patetas" em meio à comunidade católica reunida para a festa. Ao chegar ao local, o trio ria sem qualquer motivo, mas Coxinha chamava mais a atenção, pois chegava a ter "convulsões" de tanto gargalhar. "O cara já estava preocupado por dar tanta bandeira para a vizinhança, mas o Casa, crocodilo do jeito que era, queria ferrá-lo de vez. Ele falava assim pra mim: 'Vamos fazer o Coxinha rir sem parar?'. E emendava uma piada atrás da outra, com histórias sem sentido e declamação de poemas absurdos."

Coxinha tentava se recompor, sem o menor êxito. Em dado momento, começou a olhar para a torre da igreja para desviar um pouco o foco. Mas Casa não perdoava. Aproveitou o cenário para contar a fábula de Rapunzel, a garota das tranças que vivia presa numa torre, misturando com Branca de Neve, Chapeuzinho Vermelho e outras personagens infantis. "O pobre Coxinha já chorava de tanto gargalhar, não conseguia se controlar. Chegou a um ponto que passou a ser a atração da festa. Todo mundo olhava na nossa direção para ver o que estava acontecendo. Até que o sujeito da barraca do churrasco resolveu tomar uma atitude antes que o cara desmaiasse de rir. Ele percebeu que não estávamos em estado normal e tentou botar a gente pra fora. Mas a quermesse era da igreja, na rua, e ninguém é expulso da igreja. Acabamos ficando por lá naquela noite e em todos os fins de semana", relembra Magrão.

O barato daquela turma adolescente era sempre esse, algo um tanto ingênuo, coisa de moleques mesmo. Porém com esse comportamento fora dos padrões convencionais, os rapazes logo passaram a ser alvo de blitze policiais.

A abordagem dos camburões da PM, ao mesmo tempo que inspirava terror e preocupação, também trazia excitação para os garotos. Eles se sentiam transgressores da ordem instituída e se orgulhavam de desafiar a guarda militar, diretamente associada à repressão da ditadura, comandada então pelo general Ernesto Geisel, presidente imposto pelas Forças Armadas.

Numa das primeiras vezes em que foram abordados, eles estavam na "esquina do pecado", como se referiam ao local onde se sentavam na escadaria para fumar maconha. De repente, surgiu o carro da PM comandado pelo tenente Cobrinha, policial muito temido na região entre os anos 1970 e 80. "Todo mundo morria de medo dele. Era um sujeito maldoso, gostava de bater nos rapazes, de jogar no chiqueirinho do camburão para dar voltas e aterrorizá-los", conta Magrão.

Naquele momento, a turma acabara de fumar um baseado e ninguém tinha qualquer substância ilegal. Mas o tenente Cobrinha sentiu o cheiro no ar e, no afã de fazer a apreensão, até farejou a mão de Casagrande. "Mão perfumada, hein, menino?", procurou intimidá-lo. Porém, depois de revistar todo mundo e não encontrar nada, limitou-se a passar um esculacho nos meninos. Quando o oficial entrou com os soldados na viatura para ir embora, Casagrande se aproximou dela com rapidez. "Só um momento, tenente: o senhor tem fogo?", perguntou, tirando um cigarro comum guardado atrás da orelha, sob os longos cabelos. O tenente Cobrinha espumou de raiva: "Não vou nem responder...", grunhiu o militar, já se preparando para desembarcar outra vez. Mas aí os outros rapazes intercederam, pediram desculpas e prometeram que iriam, eles mesmos, dar um corretivo no colega folgado. "Nós quase batemos nele", recorda-se Magrão.

Enquanto os amigos se irritaram com a provocação gratuita, Casagrande ficou cheio de si com seu ato de ousadia. Voltou para casa com o peito estufado, crente de que havia desafiado o poder militar do país. Coisa de menino. Mas esse gosto pelo perigo, o desejo de confrontar a ordem vigente e de se divertir com a transgressão são uma marca definitiva de sua personalidade. Algo que o acompanharia mesmo depois da fama, mesmo porque ele virou celebridade prematuramente, aos dezoito anos, ainda um garotão.

Muitas brincadeiras irresponsáveis desse tipo se repetiam com frequência. De tanto vivenciar tais situações, seus amigos também desenvolveram atração pelo risco e viraram fiéis escudeiros do badalado atacante alvinegro. Um dos casos mais curiosos, muitas vezes relembrado quando a turma se encontra, foi a festança batizada de "Inferno na Torre", em alusão ao filme que fez sucesso nos anos 1980. Uma balada clandestina, em local proibido, regada a álcool e drogas, quando Casagrande já havia se tornado ídolo corintiano.

Tudo começou com um comentário despretensioso de Casagrande, enquanto fumava um baseado na rua Jaborandi, por volta das sete horas da noite, com os colegas Magrão, Marquinho, Ocimar e Tambor — os dois últimos já morreram. "Se a gente pudesse fazer uma festinha hoje, hein? Imagina só se fosse naquela cobertura que está à venda...", disse, mostrando o prédio de dezoito andares recém-construído na vizinhança. De bate-pronto, Ocimar, um dos amigos mais malucos de Casa, que trabalhava na ocasião como corretor de imóveis, devolveu: "Ué, a chave está na minha mão, mano!". Pronto: a senha havia sido dada.

Imediatamente, a galera se mobilizou. O plano consistia em inventar que Casagrande comprara aquela cobertura e iria dar uma festa de inauguração. Marquinho, o galã da turma, foi encarregado de arregimentar as mulheres. Afinal, que graça teria a farra sem elas? Ao mesmo tempo, chamaram outros dois integrantes da trupe, que ainda não estavam presentes, para providenciar os comes e bebes. Esses dois eram especialistas em levar produtos do supermercado, digamos, sem passar pelo caixa. Tudo para dar mais emoção.

Poucas horas depois, o sonho se concretizava. Na condição de corretor de imóveis, Ocimar convenceu o porteiro do prédio de que Casagrande transformara-se no mais novo morador do condomínio e o apresentou para o embasbacado empregado. "Ele comprou a cobertura, já está até com a chave e vai mostrar o imóvel para os amigos nesta noite", proclamou, cheio de convicção. Quem iria duvidar do artilheiro do Campeonato Paulista? O atacante só precisou dar um autógrafo ao entusiasmado funcionário.

O apartamento estava sem luzes e móveis. Os rapazes trataram de acionar a chave da eletricidade para ligar um aparelho de som, pois, sem música, não há balada... Pouco depois, Cancela e Jajá, a dupla responsável pelo "serviço de bufê", trouxeram presunto, queijo provolone, uísque e vinho, com o qual fizeram ponche, bebida supostamente mais ao gosto feminino. Em seguida, Marquinho chegou acompanhado por vinte moças recrutadas numa galeria da rua Penha de França, local cheio de barzinhos. Com Casagrande na crista da onda, quem se negaria a participar de uma celebração como essa?

A festa rolava solta, com rock pauleira no último volume, e os convidados conversavam ruidosamente, sentados no chão. Alguns namoravam, outros fumavam maconha e cheiravam cocaína pelos cômodos. Logo depois da meia-noite, o síndico bateu na porta. Ocimar foi atendê-lo e, como já se conheciam, resolveu mudar a versão inicial: sustentou que ele próprio comprara a cobertura para sua mãe, dona Zoca. "Chamei uns amigos para comemorar. O Casagrande já está aqui, o Biro-Biro e o Ataliba vão chegar logo", argumentou, incluindo mais dois jogadores do Corinthians só para impressionar o síndico.

A crise foi contornada, com a orientação para baixar o volume do som. Alheio a tudo isso, Casagrande se entretinha com uma garota no quarto principal. Naquele instante, mais precisamente, ela fazia sexo oral nele, enquanto o jogador, em pé, encostado na porta, evitava que fosse aberta, pois não havia chave. Ocorre que Magrão tinha um caso com a mesma moça e se sentiu um tanto enciumado. Ele empurrava a porta na esperança de invadir o cômodo, mas, do lado de dentro, Casa a segurava com um dos pés e prosseguia com o ato sexual, sem o menor constrangimento.

Inconformado com a situação, Magrão resolveu desabafar com Ocimar. Para quê? O corretor de imóveis surtou na mesma hora. Já doido e bêbado, passara a acreditar na mentira inventada para o síndico. Batia na porta insistentemente, gritando que aquilo era um desrespeito à dona Zoca. "Respeite a minha mãezinha! Chupeta no quarto da dona Zoquinha, não!!!", insistia, sem se dar conta de que o apartamento não havia sido comprado por ninguém, tampouco seria o futuro lar de sua prezada mãe.

Quase amanhecia, e, em meio àquele forrobodó, chegou a polícia para acabar com a farra. Os moradores já não aguentavam mais. Nem os convidados, diante das inesperadas lições de moral dadas por Ocimar. De qualquer forma, a brincadeira de moleques já se realizara: o "Inferno na Torre" entrou para história da Penha e ficará para sempre na memória dos participantes. Dessa vez não houve consequências, os PMs apenas dispersaram a moçada e foram embora, sem registrar ocorrência. Mas nem sempre foi assim. Casagrande ainda enfrentaria problemas bem mais sérios com a polícia.

Antonio Moura / Agência O Globo

Em início de carreira, na casa onde morava com os pais, Walter e Zilda, no bairro da Pompeia

Antonio Moura / Agência O Globo

Ídolo veste a camisa corintiana com a inscrição "Dia 15 vote", estimulando a população a votar para governador do estado em 1982

José Ribeiro / Diário de S. Paulo

Manoel Motta / Folhapress

Paulo Cerciari / Diário de S. Paulo

Emprestado ao São Paulo em 1984

Artilheiro pela Seleção brasileira

Cigarro na boca: irreverência

Casão picha o muro do parque São Jorge, tentando conquistar a sua futura mulher, Mônica, então jogadora de vôlei do Corinthians

Oswaldo Kaize / Folhapress

J. B. Scalco / Abril Comunicações S/A

Com seu exótico chapéu de pirata, posa para a revista *Placar*: lançando moda

Inacio Teixeira / Diário de S. Paulo

Casamento com Mônica no sítio em Perus, em 28 de outubro de 1985

O noivo cai na piscina de smoking branco, juntamente com convidados

Inacio Teixeira / Diário de S. Paulo

Acervo pessoal Magrão

Ao lado do amigo de infância Wagner, o Magrão, em jogo do Veneno, time de futebol amador

Luiz Novaes / Folhapress

A dupla com Sócrates, eterno parceiro

Carlos Fenerich / Abril Comunicações S/A

Durante comício pelas Diretas Já, em 16 de abril de 1984, no Anhangabaú, ao lado do locutor Osmar Santos e de outros jogadores do Corinthians, como Sócrates, Wladimir e Juninho, e do diretor Adilson Monteiro Alves

Irmo Celso / Abril Comunicações S/A

Na final do Paulistão de 1983, defendendo o lema: ganhar ou perder, sempre com democracia

O craque carrega o filho Leonardo no colo

Acervo pessoal

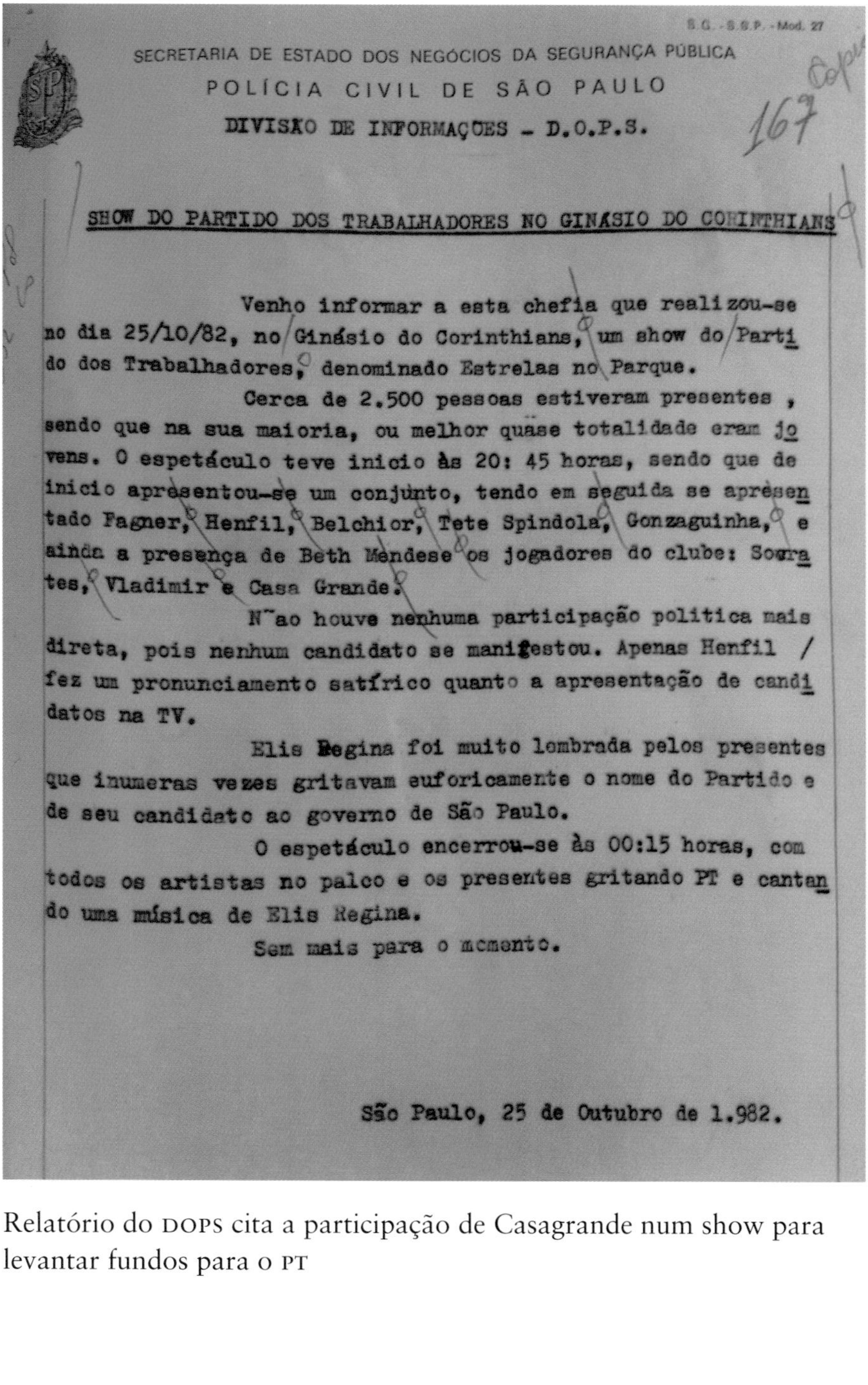

S.G. - S.S.P. - Mod. 27

SECRETARIA DE ESTADO DOS NEGÓCIOS DA SEGURANÇA PÚBLICA

POLÍCIA CIVIL DE SÃO PAULO

DIVISÃO DE INFORMAÇÕES - D.O.P.S.

167

SHOW DO PARTIDO DOS TRABALHADORES NO GINÁSIO DO CORINTHIANS

Venho informar a esta chefia que realizou-se no dia 25/10/82, no Ginásio do Corinthians, um show do Partido dos Trabalhadores, denominado Estrelas no Parque.

Cerca de 2.500 pessoas estiveram presentes, sendo que na sua maioria, ou melhor quase totalidade eram jovens. O espetáculo teve inicio às 20: 45 horas, sendo que de inicio apresentou-se um conjunto, tendo em seguida se apresentado Fagner, Henfil, Belchior, Tete Spindola, Gonzaguinha, e ainda a presença de Beth Mendese os jogadores do clube: Socrates, Vladimir e Casa Grande.

N~ao houve nenhuma participação politica mais direta, pois nenhum candidato se manifestou. Apenas Henfil / fez um pronunciamento satírico quanto a apresentação de candidatos na TV.

Elis Regina foi muito lembrada pelos presentes que inumeras vezes gritavam euforicamente o nome do Partido e de seu candidato ao governo de São Paulo.

O espetáculo encerrou-se às 00:15 horas, com todos os artistas no palco e os presentes gritando PT e cantando uma música de Elis Regina.

Sem mais para o momento.

São Paulo, 25 de Outubro de 1.982.

Relatório do DOPS cita a participação de Casagrande num show para levantar fundos para o PT

José Ribeiro / Diário de S. Paulo

Vestido com camiseta do Lula, desenhada por Henfil, Casão mostra sua chuteira branca, novidade na época

Com Renato Gaúcho na Seleção, durante as eliminatórias para a Copa de 1986: dupla do barulho

Domício Pinheiro / Estadão Conteúdo

Renato, Casão e Éder: o ataque da Seleção que entrou em choque com Telê antes da Copa de 1986

Diário de S. Paulo

Marcelo Navarro / Diário de S. Paulo

Em seu sítio, Casão mostra CDs de rock tocados durante churrasco com amigos em 1995

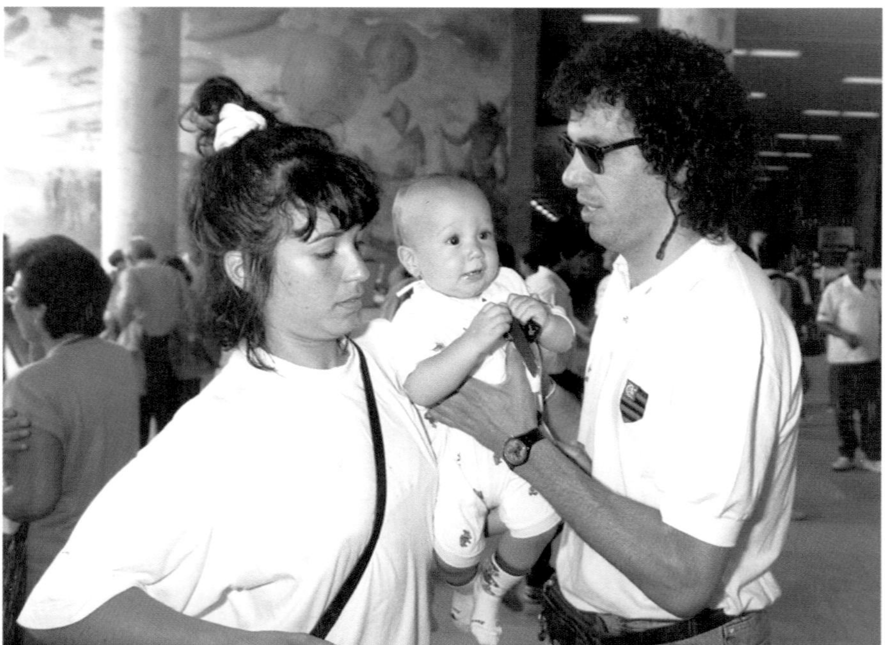

Vidal da Trindade / Diário de S. Paulo

Com a mulher Mônica e o filho Symon, no Aeroporto Santos Dumont, no Rio, quando defendeu o Flamengo em 1993

Acervo pessoal Magrão

Casão, Mônica, Victor e Leonardo (no colo): família passeia em parque de Turim, na Itália, quando ele defendia o Torino

ASF / Press Photo Agency

Em janeiro de 1987, em sua estreia pelo Porto, contra o Vitória de Guimarães: 2 a 2, com um gol dele

ASF / Press Photo Agency

Casagrande comemora gol pelo Porto: sucesso na Europa

Ao ser contratado pelo Flamengo, Casão recebe a camisa do amigo Júnior

Carlos Moraes / Agência O Dia

Em recuperação da dependência química na clínica Greenwood, em Itapecerica da Serra

Daniel Pera / Diário de S. Paulo

Lucas Lacaz Ruiz / Diário de S. Paulo

Paulo César Caju, Wladimir, Casão e Sócrates em evento sobre a Democracia Corintiana

Lucas Lacaz Ruiz / Diário de S. Paulo

No mesmo evento no Jockey Club de São Paulo, recebe o abraço de Sócrates

CAPÍTULO DEZ

Prisão em flagrante

3ª e 4ª VARAS

As batidas policiais se tornaram relativamente frequentes desde que Casagrande passou a se expor com a Turma do Veneno, na Penha, ainda adolescente, antes de ser jogador conhecido. O cabelão encaracolado na altura dos ombros, a postura irreverente e a fumaça na qual sempre estava envolto, na "esquina do pecado", já eram motivos suficientes para atrair a PM. Porém, quando ficou famoso, a incidência das blitze cresceu exponencialmente, e "tomar uma geral", como se dizia, passou a fazer parte da rotina. Às vezes, tinha de se submeter a mais de uma no mesmo dia. Transformara-se num símbolo da juventude contestadora, na imagem da Democracia Corintiana, juntamente com Sócrates e Wladimir, os maiores expoentes do movimento. Assim, não faltavam guardas dispostos a revistá-lo. A prisão dele traria notoriedade dentro da corporação e, de quebra, queimaria o filme dos revolucionários de chuteiras.

Aquele garotão já havia passado dos limites com sua insistência em pôr as mangas de fora. Em vez de se restringir a jogar bola e marcar gols, se metia a dar opiniões sobre tudo, a criticar a falta de liberdade no país, a andar com artistas... Era preciso cortar suas asinhas — assim pensavam muitos policiais.

"Eu tinha a noção exata de que corria risco a todo momento. Tomava duas, até três blitze por dia. Quando a polícia me via na rua, parava na hora, não havia dúvida", relembra Casagrande.

Mesmo diante desse incômodo constante, ele não recuava, não alterava um milímetro seu comportamento, tampouco evitava cutucar a onça com vara curta. O temperamento desafiador, insolente, o fazia encarar aquilo como um jogo. O placar estava amplamente a seu favor. Afinal já perdera as contas de quantas vezes fora revistado, sem que nada ilegal fosse achado. Mas ele vivia no fio da navalha e sabia que, mais cedo ou mais tarde, a sorte poderia mudar.

A disputa ficava cada vez mais acirrada e alguns policiais apelavam para a truculência, mostravam-se mais violentos do que beques de fazenda. Com o ímpeto da juventude, Casagrande não acusava o golpe e saía de cada blitz com ar superior e vitorioso. No entanto, nem a sua natural irreverência resistiu à agressividade de uma das abordagens. Nessa ocasião, confessa, tremeu na base.

No dia 14 de julho de 1982, ele havia marcado o gol da vitória corintiana sobre o Santo André, por 1 a 0, na estreia no Campeonato Paulista, no Pacaembu. Ao final da partida, o centroavante saiu do estádio em seu carro, acompanhado por dois amigos. Acendeu um baseado com haxixe e pegou a Marginal Tietê para fumar. Acostumado a andar sempre atento, de olho na aproximação de qualquer camburão, percebeu uma viatura da Rota (Rondas Ostensivas Tobias de Aguiar), a tropa de elite da polícia paulista, estacionada debaixo da ponte das Bandeiras, com as luzes apagadas. Rapidamente, o jogador dispensou a bagana (ponta do cigarro de maconha) pelo quebra-vento e, ato contínuo, foi interceptado pelos policiais. O trio "gelou" dentro do carro.

Os tiras ligaram um potente refletor e direcionaram a luz diretamente para o motorista. Ao reconhecer Casagrande, deram início ao martírio. Sob um frio dos diabos, deixaram seus dois amigos pelados na rua, com o pretexto de revistá-los. Enquanto isso, o atacante corintiano era brutalmente espancado. Para não deixar marcas, lhe davam socos no estômago. Os policiais sentiam o cheiro do baseado e exigiam que a maconha fosse entregue. A cada negativa, o jogador recebia um golpe mais contundente. "Você vai para uma casa maior do que o seu nome", ameaçava um dos guardas, lançando mão de um trocadilho que não fazia ninguém dar risada. Todos estavam em pânico.

Quando Casagrande não suportava mais a dor, curvando-se a cada pancada, com falta de ar, e seus amigos já cogitavam admitir a posse da droga para que a surra cessasse, parece que o anjo da guarda deles resolveu entrar em ação. Naquele exato momento, um carro passou em alta velocidade pela Marginal e o rádio da patrulha deu o alerta de que seus ocupantes eram suspeitos de um assalto a banco. Imediatamente, os PMs iniciaram a perseguição. Sem dizer nada, largaram o trio ali, com a pulga atrás da orelha. "Fiquei tão chocado que permaneci naquele local por algum tempo. Nós nos perguntávamos: o que a gente faz agora? E se formos embora e eles voltarem? Não vai parecer que estamos fugindo? Dava medo de tomar qualquer atitude."

Os guardas haviam despejado o conteúdo de sua bolsa sobre o capô do carro. Ele olhava para os pertences ali, jogados, sem saber como proceder. Até que o frio falou mais alto do que o medo. Tremendo com as rajadas cortantes do vento gelado, batendo os dentes, os amigos vestiram as roupas e decidiram ir para casa. "Essa foi a pior blitz que já levei, embora não tenha sido preso. Eles foram muito violentos. Além da agressão, fizeram terror psicológico."

Mas não iria demorar para que o desfecho de uma daquelas blitze, já tão corriqueiras, fosse no xadrez. Isso aconteceria no fim do mesmo ano, ainda em clima de comemoração pela conquista do Campeonato Paulista. E foi com cocaína, estimulante que ele conheceria em dezembro de 1982, durante um show de Peter Frampton, no próprio Corinthians.

Até então, Casagrande só fumara maconha, provara ácido lisérgico e, poucas vezes, aplicara Preludin ou Pervitin, dois moderadores de apetite, nas veias, depois de dissolver os comprimidos em água destilada. Esses medicamentos eram usados como *doping* por alguns jogadores na época, mas, no seu caso, não os utilizava para melhorar o rendimento em campo. Jovem e cheio de energia, não precisava desse artifício para correr mais. Ele buscava prazer nos momentos de lazer, durante festas e bailes de Carnaval, para dobrar o dia e vencer a timidez.

Numa dessas ocasiões, foram criadas a senha e a contrassenha do Veneno, time de várzea que nasceu na rua Jaborandi e no qual Casagrande continuou jogando mesmo durante boa parte da carreira profissional, entre uma partida oficial e outra. Quase a totalidade da equipe era composta por "loucos". Eles marcavam jogos em outras cidades e transformavam cada viagem em uma aventura.

Certa vez, a turma programou uma festa na casa de Claudinho, um de seus integrantes. Casagrande e o amigo Ocimar chegaram mais cedo e se trancaram no quarto do anfitrião para tomar Pervitin. Logo em seguida, apareceram Magrão e outros "brothers". Eles bateram na porta, a fim de entrar, durante a aplicação do medicamento. "Quem é?", perguntou Casagrande. "É o Magrão", respondeu o parceiro. "Qual é a senha?", indagou Casa. Não havia uma, mas criou-se na hora. "Olho de peixxxxe", inventou Magrão, carregando no som sibilante. "Do Largo do Arouchhhe", rebateu Casa, do outro lado da porta. "Só tem Crusssh", emendou Magrão. "Aqui não tem trouxxxa", concluiu Casão, às gargalhadas. Essa senha é empregada até hoje, por brincadeira, pelos remanescentes da Turma do Veneno.

Mas cocaína, justamente a droga que o derrubaria mais tarde, só entrou na vida de Casagrande no final de 1982. Ele conheceu dois traficantes na rua São Jorge, onde fica o Corinthians, e curtiu o show de Peter Frampton sob o efeito do pó. O espetáculo ocorreu na quadra do parque São Jorge e, para esticar e cheirar as carreiras, ele se dirigia ao fundo do ginásio, atrás do palco, onde havia um alojamento para os atletas que vinham de outras cidades. Três deles também eram usuários e cederam seu quarto com satisfação. A mesma estratégia voltaria a ser empregada em outros eventos realizados no Corinthians.

Mas não demoraria para o roteiro terminar mal. O Timão acabara de conquistar o campeonato paulista, título com grande importância na época, muito mais do que hoje em dia. A Democracia Corintiana estava no auge e, em meio a muita badalação, a comemoração não tinha fim. O próprio Casagrande organizou a festa dos campeões. Além de atleta, ele também fazia produção de shows. Tinha escritório num elegante prédio localizado na esquina das avenidas Rebouças e Faria Lima, onde funcionava o BCN (Banco de Crédito Nacional). Ocupava duas salas no 17º andar.

Após virar a madrugada nessa celebração, dormiu por duas horas e foi diretamente para o aeroporto de Congonhas. Pegou a ponte aérea, juntamente com Sócrates e o diretor de futebol Adilson Monteiro Alves, para participar de um amistoso entre as seleções paulista e carioca. Exausto, pediu para sair no intervalo e assistiu ao restante da partida do banco de reservas. O cantor Fagner, com quem fizera amizade recentemente, por intermédio de Sócrates, sentou-se a seu lado. "O que você vai fazer depois do jogo?", perguntou o compositor. "Vou para São Paulo, estou sozinho e não tenho onde ficar. O Sócrates e o Adilson vieram com suas mulheres", explicou. Fagner o convidou, então, para se hospedar na casa dele. "Fomos a um barzinho no domingo à noite, voltei a São Paulo na segunda-feira só para pegar roupas e retornei ao Rio no mesmo dia."

Nessa breve passagem por São Paulo, ele aproveitou para levar Magrão junto. Tocou a campainha da casa do amigo, na Penha, no final da tarde de segunda-feira. "Estou curtindo no Rio e passei aqui só pra buscá-lo. Eu me hospedei na casa do Fagner, e você pode ficar comigo lá", propôs. "Não tenho um tostão", advertiu Magrão. "Não há problema, eu pago o avião pra você." E lá foram os dois parceiros de longa data.

Depois de alguns dias na casa de Fagner, com direito a música ao vivo, por conta dos ensaios do artista cearense e de seus amigos, o cantor avisou que iria para Fortaleza passar as festas de fim de ano com a família. Mas, solícito, deu a chave para os visitantes continuarem ali.

Durante a estada no apartamento da avenida Bartolomeu Mitre, no Leblon, Casão atendeu o telefone numa tarde. "O Raimundo está?", perguntou uma voz grave, levemente rouca, do outro lado da linha, referindo-se ao primeiro nome de Fagner. Parecia conhecido, aquele timbre e entonação soavam familiares. "Aqui é o Belchior", finalmente identificou-se o interlocutor, pronunciando o próprio nome com o som de xis — assim mesmo: "Belxior". Casagrande e Magrão se entusiasmaram. Os dois eram fãs do autor de "Como nossos pais" e "Apenas um rapaz latino-americano", entre outras canções que eles adoravam. No ano seguinte, Magrão até gravaria uma fita cassete com músicas de Belchior para o atacante presentear Mônica, quando ele se apaixonou pela futura mulher. Por isso, aquele breve contato telefônico já foi suficiente para deixar os rapazes radiantes.

Apesar da generosidade de Fagner, os hóspedes acabaram não ficando na casa dele depois de sua viagem a Fortaleza. Eles encontraram Afonsinho, médico e ex-meia de Botafogo, Santos, Fluminense e Vasco nas décadas de 1960 e 70, que se tornou célebre por lutar pelos direitos dos atletas profissionais e pela atuação política. Acabaram aportando em seu apartamento. "Foi sensacional. O Afonsinho é um gênio, um divisor de águas, o primeiro jogador a conseguir passe livre na Justiça", ressalta Casagrande.

Convidados por Afonsinho, eles foram jogar bola na casa de Chico Buarque, tradicional organizador de peladas com seu time, o Politeama. Lá conheceram diversos artistas, músicos e outros jogadores. Depararam-se com o sambista João Nogueira, os integrantes do grupo musical MPB4, o compositor Nonato Buzar, os atores Osmar Prado e Antônio Pitanga, o craque Paulo César Caju... entre tantos nomes estrelados. Para o sonho ser completo, faltou só o próprio Chico, que nesse dia não pôde comparecer à pelada em seu campo.

Terminado o jogo, um dos sambistas da velha guarda chamou a turma para um churrasco na casa dele. Uma figura bastante conhecida... só não revelaremos seu nome para preservá-lo. Afinal, no meio da festa, o prato com cocaína começou a rodar pela mesa. Sem o conhecimento de sua mulher, que proibira o marido de cometer tais excessos, sobretudo com a idade avançada. Ela só estranhava que, de repente, quase ninguém se interessava mais pelas carnes. À sua aproximação, para servir os grelhados, o prato de pó era escondido debaixo da mesa. "A linguiça não está boa?", insistia a senhora. "Está ótima!", respondiam os convidados, por educação, naturalmente. Mas aqueles que haviam cheirado — a maioria deles — já não tinham o menor apetite.

Além dos peladeiros trazidos do jogo de futebol, outros amigos antigos do anfitrião se incorporaram ao grupo. Legítimos representantes da velha malandragem carioca. Um deles impressionou, especialmente, Casagrande. Um senhor de idade que se apresentou como Azambuja. "Achei muito louco, porque ele falava igualzinho ao personagem do Chico Anysio, que se inspirou nele para criar aquele tipo do programa *Chico city*, na TV."

O prato com pó passava de mão em mão, só entre os adeptos, muito discretamente sob a tábua da mesa. Acontece que Azambuja também gostava do negócio e não era bobo nem nada. Os parceiros tentavam despistá-lo, por ser o mais velho da turma e ter tido piripaque cardíaco meses antes. O "vovô" da patota passou a implicar com Casagrande, sentado a seu lado. "Qual é a tua, garoto? Tu tá me antecipando? Veio lá de São Paulo pra me dar chapéu?", intimava. Aos dezenove anos, sem graça diante daquele senhor escolado e pós-graduado nos morros cariocas, Casa só sorria amarelo ao tentar cumprir a ordem do dono da casa. "O Azambuja passou a madrugada toda me barbarizando..."

No dia seguinte, eles foram ao Recreio dos Bandeirantes, onde Casagrande conheceu o ator Kadu Moliterno, que surfava naquela praia. O craque estava empolgado por conviver com tantos artistas famosos no Rio, mas o Natal se aproximava e era preciso voltar a São Paulo antes que se esgotassem as passagens aéreas. Depois de desembarcar em Congonhas na manhã do dia 23, ele deixou Magrão em casa e, à noite, resolveu se encontrar com outro amigo do bairro, que morava a poucos quarteirões. Foi ali que se deu mal.

Assim que viram Casagrande numa roda com dois amigos, policiais pararam e lhe pediram documentos. O jogador mostrou prontamente a carteira de identidade, mas, ainda assim, foi revistado. Embora admita ter cheirado pó durante a viagem ao Rio, Casão assegura que não portava droga naquele momento. Porém os policiais apresentaram um frasco com pequena quantidade de cocaína, supostamente encontrado em sua bolsa. "O que é isso?", indagou um dos soldados. "Não faço a mínima ideia, isso não é meu!", rebateu Casagrande. Em seguida, o PM achou o canhoto de um ingresso do show de Gilberto Gil, ao qual o atacante havia assistido no Rio, e tratou de estabelecer uma conexão entre o artilheiro e o compositor baiano. Segundo Casão, o policial aproveitou para tripudiar: "Pois é, o Gilberto Gil e a Rita Lee já foram pegos. Um garoto de bosta, como você, não ia escapar, né?".

Os policiais o colocaram no camburão, avisaram a imprensa sobre a ocorrência e deram voltas pela cidade até que os jornalistas chegassem à delegacia para filmá-lo e fotografá-lo. Isso foi o que mais o irritou. E ainda surgiu a versão de que a droga havia sido dada pelo próprio Gilberto Gil, outro alvo preferencial dos tiras naqueles tempos — mais um ingrediente que o fez espumar de raiva.

Diante do delegado, Casagrande negou a posse do entorpecente. "Nunca vi esse vidrinho, não sei do que estão falando", afirmou, sustentando que os policiais tinham "plantado" a droga com o propósito de incriminá-lo. "Pela atitude deles durante a abordagem, uma coisa ficou clara: o que eles queriam mesmo era destruir a Democracia Corintiana e, por tabela, desmoralizar nosso envolvimento na luta pela redemocratização do país." O inquérito foi instaurado e o centroavante teria de responder à acusação na Justiça.

O escândalo repercutiu pelo Brasil inteiro e, de fato, colocou em xeque a Democracia Corintiana. Casão enfrentaria grande resistência dentro do próprio clube, por parte de conselheiros contrários ao movimento. Mas ele também contaria com apoio para resistir ao vendaval. Os detratores só teriam êxito em expurgá-lo do clube um ano mais tarde, quando seria emprestado ao São Paulo. Mas já a partir daqui esse desgaste de sua imagem começou a ser explorado pelos rivais. Um jogo duríssimo...

CAPÍTULO ONZE

Democracia Corintiana

DEMOCRACIA
Corinthiana
9

A Democracia Corintiana era a joia da coroa. Casagrande tinha profundo orgulho do movimento que trouxe liberdade e respeito aos jogadores e lançava luz, indiretamente, nas trevas da ditadura militar do país. Vários fatores concorreram para a sua criação. Desde a impossibilidade de o antigo caudilho, Vicente Matheus, tentar a reeleição após dez anos consecutivos no poder — por força do estatuto do clube — até a reunião casual de jogadores incomuns e com afinidades de pensamento. Algo raro e precioso. Natural, portanto, que o atacante se preocupasse com o perigo de o escândalo de sua prisão pôr em risco o projeto que se anunciava vitorioso, com a conquista do título paulista de 1982.

O plano inicial de Matheus consistia em lançar Waldemar Pires, vice em suas duas administrações anteriores, como candidato a presidente nas eleições realizadas em 1981. Ele próprio passaria a ser vice, numa inversão de posições apenas no papel, pois havia clara intenção de usar o parceiro como testa de ferro. Porém, ao ser tratado como subalterno e diante do risco de acabar desmoralizado publicamente, depois de eleito, Pires resolveu tomar as rédeas e exercer o cargo na plenitude. Essa reviravolta provocou o gradual rompimento com Matheus, que terminou posto para escanteio.

Os conselheiros leais ao folclórico dirigente, aliados a outras facções da oposição, aproveitavam qualquer sinal de fumaça para criar o cenário de um incêndio. A notícia da prisão de Casagrande com cocaína foi amplamente utilizada para transmitir a ideia de que o Corinthians se encontrava mergulhado na bagunça, com os jogadores fazendo o que bem entendiam, à margem dos princípios morais, com drogas e bebidas alcoólicas rolando soltas entre integrantes da equipe. Um discurso moralista encampado também por parte considerável da imprensa, afinada com valores mais conservadores ou alinhada aos velhos cartolas por diversos interesses.

A abolição da concentração para os jogadores casados, o direito de tomar bebidas alcoólicas em público e de fumar (do qual Sócrates se tornara a principal bandeira), a liberdade para expressar opiniões políticas, as decisões referentes ao time sendo tomadas em conjunto por atletas, funcionários e dirigentes, por meio de votos com o mesmo peso... tudo passou a ser severamente questionado, apesar do êxito obtido em campo.

Casagrande acompanhava com apreensão aquela campanha rasteira. Além de se ver no olho do furacão e ser usado como bode expiatório, temia que houvesse um retrocesso que prejudicasse o curso natural da história. Ele valorizava ainda mais os novos ventos que arejavam o clube porque sentira na pele a filosofia retrógrada das administrações anteriores. No Corinthians desde 1976, quando ingressou no dente de leite aos treze anos, entrara em choque inúmeras vezes com os mandachuvas. Numa dessas ocasiões, chegara a ser emprestado para a Caldense, de Poços de Caldas (MG), e agora surgiam novos focos de rejeição.

As lembranças passavam como um filme em sua cabeça, como o dia em que viu uma faixa no parque São Jorge anunciando peneira nas categorias de base e resolveu tentar a sorte. Aprovado tanto pela técnica quanto pelo porte físico, trocou a Portuguesa, onde seu pai conseguira colocá-lo por indicação de um amigo, pelo clube do coração. Recordou quando subiu para o profissional, com quinze anos, e treinava ao lado de seus ídolos. No início, chegava discretamente, esgueirando-se pelos cantos, apesar da personalidade normalmente ousada. Nos fins de semana, jogava as preliminares das partidas do time principal e, depois, em vez de ir embora, permanecia no estádio para torcer das arquibancadas.

Ao final dos jogos, cheio de timidez, pegava carona no ônibus das feras e vinha observando tudo, deslumbrado. "Como torcedor, desde pequeno idolatrava os jogadores do Corinthians ao máximo. Quando me encontrava num ambiente com esses caras, ficava só olhando, não abria a boca. Imagine estar ao lado do Zé Maria... Para mim, era a maior emoção, mais do que sentia em relação aos outros, inclusive o Sócrates. Se existe alguém que representa o Corinthians é o Zé Maria, o símbolo da raça, da eficiência e do amor à camisa."

Ao mesmo tempo que provava essas sensações especiais, aborrecia-se com a cultura autoritária do futebol, predominante até hoje, mas que naquela época se apresentava ainda mais sufocante. Havia a lei do passe, que equiparava os atletas a mercadorias e os deixavam completamente à mercê dos desmandos dos dirigentes. Qualquer rebeldia podia ser punida com a segregação e o risco concreto do fim da carreira. Se o jogador fosse encostado por indisciplina, impasse na renovação de contrato ou simples capricho de um cartola, ficava impedido de defender outro clube. Não tinha remédio: mofava até pedir água e voltar com o rabo entre as pernas.

Essa era a realidade dos clubes brasileiros, e o Corinthians não fugia à regra. Até o advento da Democracia Corintiana, Casagrande sofria pressão para se enquadrar em outro figurino, digamos, mais convencional. O seu jeito de ser incomodava os comandantes: os cabelos longos, encaracolados e despenteados, as calças jeans desbotadas e puídas, as camisetas com temas ligados ao rock ou à política, a bolsa de couro a tiracolo, as sandálias Havaianas viradas ao contrário (na época, não existiam chinelos desse tipo com a face superior colorida, então os jovens descolados invertiam a sola, passando o lado branco para baixo e exibindo o preto ou azul em cima). Já estava farto de receber ordens, em tom ríspido, para cortar o cabelo e se vestir de maneira mais comportada. Os confrontos recorrentes o levavam a cultivar certa dúvida sobre o prosseguimento da trajetória no futebol. Muitas vezes lhe parecia impossível permanecer por mais tempo naquele mundo opressivo.

Por ter estreita ligação com aquele universo, no qual foi introduzido ainda bem pequeno, a decisão de cair fora dele não era nada fácil. A bola entrara em sua vida tão naturalmente quanto as atividades primordiais da infância, como aprender a falar, usar talheres, desenhar, brincar, escrever as primeiras palavras. Algo que parecia inerente ao desenvolvimento humano. Não se tratava exatamente de uma escolha. Além de a família em peso torcer pelo Corinthians, o que tornava o clube do parque São Jorge um assunto obrigatório em festas e reuniões, os homens jogavam bola rotineiramente e adoravam conversar sobre esporte. A começar por seu Walter, centroavante conhecido como Geleia na várzea paulistana. Desde cedo, Waltinho acompanhava o pai nas partidas disputadas nos domingos de manhã em campos da capital paulista.

"Quando eu tinha cinco anos, ele já me levava ao campo para vê-lo jogar. Os meus três tios paternos também jogavam bem, assim como os irmãos da minha mãe. Dessa forma, vivia futebol o tempo todo. Nem tinha como não me interessar dentro daquele ambiente. Mas dois fatos me entusiasmaram ainda mais: a Copa do Mundo de 1970 e, na sequência, o primeiro jogo que vi ao vivo no estádio."

Uma experiência que marcaria definitivamente seu imaginário infantil. Algo tão tocante que o levou a se projetar em campo na partida contra a Ponte Preta, no parque São Jorge, disputada no dia 27 de junho de 1970, menos de uma semana depois da conquista do tri da Seleção brasileira na Cidade do México. Waltinho se encontrava no auge da empolgação — orgulhoso, sobretudo, pela consagração de Rivellino, representante corintiano no time canarinho. "Eu tinha sete anos, e o Brasil havia acabado de ser campeão. O país inteiro celebrava a posse definitiva da Taça Jules Rimet. Então, me emocionei com a festa da torcida para o Rivellino, meu grande ídolo. Ele não jogou naquele sábado, mas entrou em campo para ser homenageado, juntamente com o goleiro Ado, reserva da Seleção, escalado pelo técnico Dino Sani."

O jogo não foi dos melhores: acabou empatado em 1 a 1. Mas o que contava era o evento todo, o contato direto com a Fiel torcida, a proximidade com os campeões do mundo. Além disso, ali no gramado estava também o zagueiro Ditão, então maior símbolo da raça corintiana. Um personagem que Waltinho conhecia pessoalmente, pois um de seus tios maternos, Antônio Carlos, se casara com uma prima da mulher do beque. Em face disso, teve início a convivência nas reuniões de família. Às vezes, Ditão ainda levava às festas colegas da equipe alvinegra, como o centroavante Benê e o meia e ponta-direita Paulo Borges — este último também presente no jogo contra a Ponte Preta.

Por conta desse parentesco, Waltinho conheceu outras personalidades ligadas ao esporte, pois Ditão era irmão dos zagueiros Flávio (ex-Portuguesa) e Ditão (homônimo, ex-Flamengo), além do ala/pivô Adílson, que defendeu a Seleção brasileira de basquete nas Olimpíadas de Munique (1972), Moscou (1980) e Los Angeles (1984). Tudo isso influenciou Casagrande a seguir a trilha esportiva. Ele ficava encantado com a história desses atletas e imaginava construir a própria, em breve. Mas logo descobriria que, na prática, o dia a dia da profissão nem sempre era tão glamouroso.

O que mais lhe desagradava era a falta de respeito dos dirigentes com os atletas, sobretudo os iniciantes. Por isso, estivera muito próximo de roer a corda em 1981, depois de um arranca-rabo com o técnico Osvaldo Brandão e o presidente Vicente Matheus. O treinador já atingira o patamar de lenda do esporte, por ter conquistado taças importantes à frente de vários clubes — especialmente, para os corintianos, o título supremo: o Campeonato Paulista de 1977, que quebrou o jejum de quase 23 anos. Mas também se notabilizava pelo estilo durão e intransigente. Certo dia, Brandão procurou Casagrande, que até então somente treinava com os profissionais, e anunciou à queima-roupa: "Arruma a mala, garoto, que tu vais viajar com o time".

O coração do jovem centroavante disparou: seria a primeira vez que integraria a delegação profissional do Corinthians. Finalmente relacionado para um jogo oficial, mal conseguia se conter de tanto contentamento. Correu para casa a fim de dar a extraordinária notícia aos pais. Houve grande comoção familiar; a expectativa pela estreia iminente do filho atingiu o ponto máximo. Só tinha um probleminha: a necessidade de comprar roupas novas, que não destoassem tanto das dos outros companheiros, e uma mochila de viagem. "Eu estava completamente duro, tive um trabalho danado, me virei de todos os lados, mas dei um jeito", relembra seu Walter, com indisfarçável orgulho.

Na manhã seguinte, Casagrande foi todo empolgado e ansioso para embarcar com a delegação corintiana. Já no aeroporto, levou uma terrível ducha de água fria. Brandão se aproximou dele no saguão e, curto e grosso, lhe comunicou: "Pode voltar, menino, você não vai com a gente, não! O Geraldão renovou contrato nessa madrugada e a sua presença não é mais necessária. Volta para treinar lá no parque São Jorge".

O novato se sentiu humilhado. Num segundo, seus sonhos e planos foram pelo ralo, sem falar no constrangimento de ser barrado na última hora, diante dos demais atletas. Como iria voltar para casa e encarar a decepção dos pais? O sangue lhe subiu à cabeça e ele exteriorizou para o treinador toda a sua revolta. Depois de desacatar o chefe imediato, precisava encarar o embate com o presidente Vicente Matheus. Saiu até faísca daquele encontro. Jamais o cartola lidara com um iniciante tão destemido. Os tons das vozes se acaloraram, com tapas na mesa e ameaças de parte a parte. Casagrande avisou que não atuaria mais pelo Corinthians e saiu da sala disposto até a parar de jogar profissionalmente, se fosse preciso.

Seu Walter e dona Zilda, obviamente, ficaram muito aflitos. A determinação de chutar o balde, inicialmente vista como um arroubo de momento, persistia no coração do filho. "Você tem de ir treinar, Waltinho. Chegou até aqui e vai pôr tudo a perder? É preciso ter calma nessa hora e agir com sabedoria", ponderava o pai. Ao constatar a ausência do centroavante nos treinos, a diretoria enviou um carro para buscá-lo em casa e tentar contornar o impasse. Ficou decidido, então, que ele seria emprestado para a Caldense, de Minas Gerais.

Em Poços de Caldas, Casagrande finalmente desabrochou. Terminou o Campeonato Mineiro como vice-artilheiro e despertou o interesse de vários clubes do país. "Somente a partir daí me convenci de que meu destino seria mesmo jogar futebol." Valorizado e ainda magoado com o time do coração, não planejava retornar ao Corinthians. Arrumara uma namorada em Poços de Caldas e considerava a possibilidade de se transferir para o Atlético-MG ou o Cruzeiro, duas equipes grandes do estado que acompanharam de perto seu bom desempenho na temporada.

O Corinthians ficou mais atento ao potencial do centroavante prata da casa — e não tinha intenção de entregá-lo de mão beijada a um rival nacional de primeira linha. Se fosse negociá-lo, certamente o preço seria alto. "Mas eu não queria mesmo voltar para o parque São Jorge. A visão que eu tinha do Corinthians se associava ao Matheus como presidente. Não concordava com a sua ditadura e, embora ele até demonstrasse algum carinho por mim, por ter sido criado lá dentro, nossas visões eram incompatíveis."

Para tentar driblar Matheus, construiu-se uma estratégia: Casagrande deveria ir para o América-RJ, cujo time era bom naquele tempo, mas não se configurava um gigante do futebol brasileiro. O preço haveria de ser mais barato. No ano seguinte, aí sim, ele consumaria a transferência para o Cruzeiro. O negócio casado já estava combinado entre os dirigentes cariocas e mineiros. "O América funcionaria como uma ponte, e cheguei até a acertar os valores do contrato", revela o ex-jogador.

O plano, no entanto, não se concretizou. Assim que o centroavante pôs os pés no parque São Jorge, o técnico Mário Travaglini, que assumira o comando do time alvinegro, o chamou para uma conversa. Sem delongas, mostrou-se impressionado por sua ótima performance na Caldense e avisou que contava com ele para aquela temporada. Não era o que imaginava, mas, como o passe pertencia ao Corinthians, não lhe restava alternativa. Além do mais, Travaglini parecia ser um sujeito bacana, conciliador, bem mais liberal do que seus antecessores. Talvez valesse a pena experimentar.

E como valeu... O seu retorno coincidiu com a ascensão de Waldemar Pires. Pela composição de forças, para viabilizar a gestão depois do rompimento com Matheus, o novo presidente delegou o comando do futebol a Adilson Monteiro Alves, jovem sociólogo com ideias revolucionárias para a administração esportiva, indicado pelo próprio pai, o conselheiro e vice-presidente de futebol Orlando Monteiro Alves. Adilson ainda teve a sorte de encontrar respaldo em Sócrates, um líder libertário por vocação e craque acima de qualquer discussão, com prestígio e coragem suficientes para suportar a resistência reacionária que sempre tentaria minar o terreno, mesmo depois da mudança de poder consumada.

Adilson ainda teve uma sacada genial: convidou o publicitário Washington Olivetto, uma usina de ideias, para o cargo de vice-presidente de marketing. "Coisa que era uma novidade impressionante", ressalta Olivetto. "Procurei organizar a mercadologia do clube, iniciar isso para que o Corinthians se tornasse mais rentável e, com mais dinheiro, pudesse montar uma equipe melhor", acrescenta. A primeira medida foi listar os produtos fabricados com a marca do clube, sem licença, e buscar patrocinadores para a camisa, algo novo no futebol daqueles tempos.

Nesse contexto, Casagrande foi se acomodando. Depois de um papo franco com Adilson, aceitou assinar contrato por três meses. Assim, poderia conferir os novos rumos prometidos pelos dirigentes e, ao mesmo tempo, comprovar que sua ascensão profissional não era fogo de palha e que ele já estava pronto para suportar o enorme peso da camisa corintiana.

Para mostrar serviço, só jogando... Mas, antes, tinha de pegar a fila. Afinal, reiniciava sua trajetória no parque São Jorge como reserva de Mário, sem contar as demais alternativas para montar a equipe com jogadores mais experientes. Uma conjunção de acontecimentos, porém, abreviou sua estreia. O titular se machucou, outros atacantes não estavam bem, e assim surgiu a chance tão esperada. No dia 3 de fevereiro de 1982, pisou em campo pela primeira vez como jogador profissional do Corinthians na vitória por 5 a 1 sobre o Guará, no Pacaembu, pela Taça de Prata do Campeonato Brasileiro, e sua estrela brilhou intensamente: fez quatro gols. Dali em diante, ganhou prestígio. A consagração definitiva viria no Campeonato Paulista, ao marcar três gols na goleada por 5 a 1 sobre o arquirrival Palmeiras, no Morumbi. Não deixou o adversário respirar ao balançar a rede seguidamente, aos 37, 38 e 40 minutos do segundo tempo, e tirou até o fôlego da Fiel, de tanto comemorar.

Toda essa história, passada em perspectiva, só reforçava sua convicção de lutar pela sobrevivência da Democracia Corintiana, enfrentar os ataques pela prisão por porte de cocaína e seguir em frente com aquele time incrível, que parecia saído do mundo dos sonhos. Para isso, contou com o apoio de Adilson Monteiro Alves, que a cada dia se revelava um cartola realmente diferente de todos os que ele já conhecera. E com a amizade e o companheirismo de diversos parceiros de time.

Assim, Casagrande se tornou a própria expressão da Democracia Corintiana, que iria imprimir marca definitiva em sua vida, a ponto de deliberar até sobre seu futuro amoroso. Sim, é isso mesmo: a relação com a mulher que lhe daria três filhos seria, estranhamente, objeto de discussão e votação entre os colegas de time.

CAPÍTULO DOZE

A ditadura do amor

Tudo na vida de Casagrande orbitava em torno da experiência democrática no clube. No auge da empolgação, ele defendia com unhas e dentes os ideais de liberdade, engajava-se na luta pelas eleições diretas para presidente da República e pelo restabelecimento pleno dos direitos civis no país. Também concedia entrevistas a respeito desses assuntos e estimulava um grande contingente de jovens a abraçar as mesmas causas: tornara-se um símbolo dos tempos de mudança que se anunciavam cada vez mais palpáveis. O regime militar tentava se manter a todo custo no poder, mas já dava sinais claros de esgotamento. Na crista da onda, o atacante se enchia de esperança e autoconfiança, só abalada diante de uma outra ditadura: a imposta pelo amor.

Habituado às facilidades proporcionadas pela fama, a ser paparicado pelos fãs e cultuado por intelectuais e pela imprensa progressista, Casagrande logo provaria o outro lado da moeda. Em meados de 1983, seu coração iria ser invadido, e ele ficaria vulnerável como jamais havia imaginado. Sem escolha, voto ou opção. Por decreto, mesmo, promulgado sabe-se lá por quais forças da natureza.

Mesmo depois de se tornar jogador conhecido e assediado, ele mantinha os hábitos cultivados desde a infância e a pré-adolescência. Criado no parque São Jorge, tinha ligação afetiva com o clube e gostava de viver intensamente o dia a dia. Ao contrário da maioria dos colegas de equipe, ele não se limitava a ir lá apenas nos horários de treino — um tipo de relação com os atletas que se perdeu por completo, atualmente, com a construção dos centros de treinamento separados das sedes sociais. Assim, depois de treinar, perambulava por todas as áreas, ia à piscina, misturava-se aos associados, prestigiava treinos e jogos de outras modalidades.

Era comum vê-lo nas práticas de basquete, vôlei, futebol de salão, desde as categorias mirins. Já acompanhara diversas partidas das meninas do vôlei, mas foi fora das quadras que uma delas lhe chamou particularmente a atenção. Com o advento da Democracia Corintiana, podia-se beber até cerveja no Bar da Torre, tradicional boteco encravado no coração do parque São Jorge, sem sofrer represálias por ser atleta. E foi lá, numa mesinha ao ar livre, perto da passagem das pessoas, que ele se deparou com a musa de seus sonhos.

"Quando ela passou na minha frente, eu fiquei alucinado", relembra. A pulsação disparou, ele precisou respirar fundo para buscar oxigênio e já nem ouvia mais o que seus amigos à mesa lhe falavam. Os hormônios corriam soltos pelo corpo e provocavam estranhas sensações. Não tinha ideia de quem era exatamente aquela garota, quais seus valores e convicções, nada disso. Só sabia que a desejava absolutamente, mais do que tudo no mundo.

Saiu de lá decidido a conquistá-la. Havia apenas um obstáculo: a timidez com as mulheres. Esse sempre fora um traço da personalidade dele. O amigo Magrão faz troça, até hoje, lembrando-o de que precisava dar uma mãozinha para as aventuras amorosas de Casagrande se concretizarem. Se não o deixasse na cara do gol, não havia jeito de balançar a rede. "Eu era muito mais tímido do que sou hoje. Talvez sentisse receio de ser rejeitado, coisa de adolescente", tenta explicar. Quando ficou famoso, a situação melhorou, é verdade... Também pudera: a iniciativa partia muitas vezes das próprias garotas. As defesas se abriam, sem qualquer pudor, para ele entrar com bola e tudo.

Mas esse não era o caso de Mônica, a jogadora de vôlei que comera seu coração de galinha num xinxim. Ela não dava mole; ao contrário, evitava se envolver com astros do futebol, em geral mal-acostumados pelas benesses da fama. Para piorar, ele travou ao se deparar com aquela gatinha de dezessete anos. Em sua presença, o ídolo dos gaviões se sentia frágil. Obcecado, passou a bater ponto nos treinos do time feminino de vôlei e informava-se sobre a tabela de jogos só para vê-la em ação, mesmo em partidas fora de casa. Chegou a recorrer a amigos no sentido de criar situações propícias para uma aproximação.

Numa dessas ocasiões, comprou oito ingressos para o show de Caetano Veloso, no Anhembi, e convocou Magrão para ajudá-lo na missão de levar Mônica ao espetáculo. Porém, encabulado por ter montado o plano só para encontrá-la, inventou que ganhara convites da produção do compositor baiano. Tantas entradas eram necessárias para incluir as amigas dela e não escancarar suas reais intenções. Como a família de Mônica morava em Santos, ela se instalou numa república em São Paulo, juntamente com outras atletas do Corinthians. "Fala que a gente tem ingressos para o show do Caetano e chama as meninas. Só um detalhe: a Mônica precisa ir de qualquer jeito", determinou a Magrão. No dia do evento, ao se encontrar com as moças, distribuiu os bilhetes como se fosse aleatoriamente. No entanto, já os havia deixado na ordem exata para que ela se sentasse ao lado dele.

Ao som de Caetano, os dois se tornaram mais próximos, começou a rolar um clima, pode-se dizer. Mesmo assim, ela endurecia o jogo e recusava a ideia de namoro. "Minha reputação não era das melhores. O maior receio dela era com a imagem dos jogadores de futebol, de sair com a mina só para transar e depois sumir. Mas não era nada disso", ressalta, como se fosse preciso.

A retranca durou cerca de cinco meses. Nesse período, a paixão de Casagrande se tornou lendária no parque São Jorge. Criou-se até um mutirão para juntar o casal. "As meninas do vôlei me davam todas as dicas. Diziam em que restaurante iriam jantar, onde iam passear, o roteiro completo. Amanhã tem jogo no Pinheiros, avisavam elas... E eu aparecia em todos os lugares", conta.

Esse amor platônico chegou a tal ponto que virou algo quase institucional no Corinthians. "Completamente apaixonado nessa fase, fiquei desnorteado. Só pensava nela, e as pessoas tentavam ajudar. Foi engraçado, porque mobilizou o clube inteiro: do porteiro ao presidente Waldemar Pires, passando pelo diretor Adilson Monteiro Alves e as mães das outras jogadoras de vôlei", diverte-se.

Tudo isso amoleceu o coração de Mônica, mas o que a dobrou, de fato, foram as contundentes provas de amor de Casagrande, então com vinte anos. Ele pediu para Magrão gravar uma fita cassete com músicas de MPB, especialmente do disco *Coração selvagem*, de Belchior, e presenteou a amada com uma bolsinha do personagem Cebolinha, de Mauricio de Sousa, com a inscrição: "Fica comigo, vai!". Na noite em que entregou os mimos, levou-a de carro em tour pela cidade: estádio do Pacaembu, túnel da avenida Paulista, estádio do Morumbi, parque São Jorge. O que existia de tão especial nesses lugares? Em todos eles havia pichado os muros com declarações de amor.

É praticamente desnecessário dizer que Mônica finalmente se convenceu da sinceridade dos sentimentos de Casagrande e disse o tão esperado "sim". O ano de 1983 chegava ao fim e o craque mal se continha de tanta felicidade. Passou as festas de Natal e réveillon nas nuvens, para compensar o aborrecimento do ano anterior, quando fora preso, acusado de porte de cocaína, às vésperas das celebrações. Mas a novela ainda não havia acabado. O Corinthians programara uma excursão a países do Oriente para janeiro do ano seguinte, e ele, no pico da empolgação amorosa, não estava nem um pouco disposto a embarcar nessa viagem.

Com a impetuosidade da juventude, pensava até em dar uma banana aos compromissos profissionais e se aninhar nos braços de Mônica. Depois de passar o período de festas no litoral, o atacante voltou a São Paulo a contragosto, por insistência de amigos, familiares e, sobretudo, da própria namorada. Só chegou em sua casa, na Pompeia, por volta das dezessete horas. "Queria ver se me atrasava e perdia o voo, mas encontrei uma kombi do Corinthians me esperando na porta." O zagueiro Juninho, que tinha sido enviado para arrastá-lo ao embarque da delegação corintiana, ainda ouviu a recomendação de dona Zilda, no momento da despedida: "Não larga dele, Juninho... Senão ele foge!".

Assim, Casagrande foi quase amarrado para a turnê por Japão, Hong Kong, Indonésia e Tailândia. Porém, mesmo do outro lado do mundo, Mônica não saía de sua cabeça. Muito menos a ideia de abandonar a delegação. Alegava que aqueles amistosos não tinham importância alguma, a não ser financeiramente para o clube, e não haveria prejuízo se voltasse sozinho. Tanto insistiu com o diretor Adilson Monteiro Alves que a proposta acabou indo a votação. O que se iniciara como uma ditadura amorosa terminou absorvido pela Democracia Corintiana. Como todas as decisões relativas ao time eram colocadas em discussão pelo grupo, a reivindicação do artilheiro foi submetida aos colegas. Mas dessa vez o processo democrático o fez sofrer. A maioria não o liberou.

Inconformado com o resultado das urnas, Casagrande por pouco não mandou às favas os princípios que sempre defendeu. Para não dar simplesmente um golpe no movimento, tentou impugnar o resultado do plebiscito. Ele insistiu tanto que o assunto voltou a ser posto na pauta outras duas ou três vezes. Ninguém aguentava mais deliberar sobre os sentimentos do atacante. "Só desisti de ir embora quando o Eduardo Amorim me chamou à razão", confessa. A argumentação do ponta corintiano era bastante forte: "Em 1977, eu fiz essa mesma excursão pelo Cruzeiro e meu pai morreu no Brasil. Mesmo muito triste, cumpri meu compromisso profissional com o time. Então, não acho justo você querer voltar porque está apaixonado", sentenciou.

Embora já resignado com a resolução, Casagrande mantinha-se o tempo todo conectado à sua paixão. "Gastava toda a diária em telefone. Quando o Adilson (Monteiro Alves) vinha nos dar o dinheiro no hotel, eu lhe devolvia na mesma hora. Ligava para a Mônica de manhã, à tarde e à noite."

Ao voltar para o Brasil, como já se pode imaginar, ele mergulhou de cabeça na relação. Tudo transcorreu bem até meados de 1984, quando o jovem casal teve uma crise e se separou. "Ela se transferiu para o São Paulo naquela época, mas eu briguei no Corinthians e, por coincidência, também fui para lá por empréstimo. Aí aconteceu a mesma mobilização dos colegas de time até voltarmos a namorar."

Além de arrastar o lateral-direito Paulo Roberto — com quem iniciara amizade desde um amistoso da Seleção brasileira — para assistir aos treinos de Mônica no São Paulo, ele arregimentava outros colegas para animados jogos de vôlei contra a equipe feminina. Assim, o zagueiro Darío Pereyra e o lateral-esquerdo Nelsinho sempre eram escalados nessas ocasiões. Tudo para ele ficar mais próximo da amada. Novamente a operação deu resultado. Os dois reataram pouco tempo depois e se casaram no ano seguinte.

Todo o ritual do casamento, celebrado num sítio em Perus, no dia 28 de outubro de 1985, aconteceu fora dos padrões convencionais. Uma festa pitoresca em vários sentidos, sem qualquer cerimônia imposta aos convidados. "Não tenho religião, não frequento a igreja, mas ela estudou em colégio de freiras. Então, para buscar o meio-termo, combinamos que eu arrumaria um padre para fazer algo mais descontraído ao ar livre."

Foi um dia memorável. Vestida de noiva, Mônica estava mais linda do que nunca. Casagrande, desengonçado dentro de um smoking branco, com uma faixa azul na cintura e gravata-borboleta... bem, dispensa comentários.

Talvez por não ter a mínima familiaridade com trajes sociais, o atacante optou por um modelo, digamos, exótico. E postergou ao máximo vesti-lo. Os primeiros amigos que chegaram ao sítio o encontraram ainda com uma bermuda preta de lycra. Somente ao constatar que a noiva já estava pronta, ele correu para se trocar. E tão logo as formalidades diante do padre foram cumpridas, deu um jeito de mudar de roupa no meio da festa, realizada ao lado da piscina.

Enquanto os convidados faziam fila para cumprimentar os recém-casados, o noivo encostou em Magrão (o amigo de infância) e cochichou: "Agora, me joga na piscina!". O velho parceiro estancou: "Como vou jogá-lo na piscina, todo de smoking, sapato social, ainda durante os cumprimentos?", pensou com seus botões. Casão insistiu, impaciente: "Porra, me joga na piscina, rápido, eu já disse!". Magrão, então, cumpriu a ordem... e Casagrande o agarrou na mesma hora, além de também puxar um outro amigo da Penha para a água.

"Caí com documentos, lentes de contato, sapatos, tudo, e o pessoal olhava feio pra mim, pensando que eu tivesse armado a molecagem", relata Magrão. Ao sair da piscina, o noivo ainda empurrou o zagueiro Oscar e o lateral Wladimir, originando a maior confusão. E justificou para os parceiros: "Não aguentava mais essa roupa!".

Com a perna imobilizada, Sócrates conseguiu escapar desse mico. Porém, escalado como padrinho, o Doutor teve atuação destacada para tornar o evento ainda mais singular e conturbado. Mas o Doutor é um capítulo à parte...

CAPÍTULO TREZE

— Uma dupla (quase) perfeita

A CAMINHO DO

Não é exagero dizer que a parceria com o Doutor resultou em casamento. Sócrates e Casagrande... impossível lembrar-se de um deles sem pensar no outro. Tal união ficou gravada no imaginário popular. Igual a Vinicius e Toquinho, o Gordo e o Magro, Batman e Robin, Simon e Garfunkel, Lennon e McCartney... A dupla exibia grande sintonia dentro e fora de campo. Compartilhava convicções políticas, ideais libertários, paixão pela criação artística, disposição para contestar os costumes vigentes, sede de viver, busca de emoções sem medir consequências e... problemas com a dependência química. Enquanto Casagrande sobreviveu por pouco às overdoses de cocaína e luta até hoje contra o risco de recaída, Sócrates morreu em 2011, aos 57 anos, vítima de problemas decorrentes do alcoolismo.

Aficionado por futebol desde sempre, Casagrande logo percebeu o surgimento de Sócrates no Botafogo de Ribeirão Preto: a estreia como profissional ocorreu em 1973 e, no ano seguinte, foi eleito revelação do Campeonato Paulista. Assim, com dez ou onze anos, Waltinho já ouvia falar naquele craque magrelo que despertava interesse nos clubes da capital. Mas só em 1977, quando o time do interior se tornou a sensação do primeiro turno do Paulistão, passou a observá-lo mais atentamente.

"As minhas primeiras lembranças dele são desse tempo. Num jogo contra o São Paulo, no Morumbi, que valia exatamente o título do turno, o Sócrates fez um puta golaço, mas o juiz anulou, alegando que ele havia solado. Mesmo assim, o Botafogo ganhou a decisão, pois jogava pelo empate", recorda. "O que mais me chamava a atenção era o tamanho dele. Por ser alto e magro, desenvolveu um estilo diferente de fazer as jogadas, usando bastante o calcanhar e a inteligência. Numa partida contra o Santos, na Vila, ele marcou dois gols na vitória por 3 a 2 — um deles, inclusive, de calcanhar."

Porém o que particularmente despertava sua admiração era a firmeza do jogador em concluir a faculdade de medicina. Como principal revelação do interior, ele já havia recebido diversas propostas de clubes grandes — do São Paulo, inclusive —, mas se recusava a deixar Ribeirão Preto antes de pegar o diploma. "Isso foi do caralho! Qual jogador recusaria uma oportunidade dessas com o propósito de terminar os estudos? Hoje, por qualquer euro, o cara larga tudo e vai jogar na Ucrânia..."

Quando Sócrates finalmente se transferiu para o Corinthians, em 1978, os dois ficaram mais perto um do outro. Mas nem tanto. Casagrande ainda era um garoto das categorias de base e presenciava, apenas como observador, os treinos do time principal. Mesmo quando foi integrado ao elenco profissional, mantinha-se em seu canto diante das feras consagradas, como se disse anteriormente. A primeira vez que interagiram remete a 1981, com Casagrande já na Caldense, num jogo-treino da Seleção brasileira contra a equipe de Poços de Caldas, em Minas Gerais. "Para minha surpresa, ele me reconheceu e se aproximou para saber notícias. Perguntou como eu estava lá, durante esse período de empréstimo, e até tiramos uma foto juntos como recordação."

Com a volta do novato ao Corinthians, no ano seguinte, estabeleceu-se a relação em pé de igualdade. Ajudou o fato de Casagrande ter iniciado com tudo a sua trajetória, com aqueles quatro gols na vitória por 5 a 1 sobre o Guará, do Distrito Federal, pela Taça de Prata do Campeonato Brasileiro. O Corinthians disputava a Segunda Divisão da competição nacional pelo fato de ter terminado o Paulistão de 1981 na decepcionante oitava colocação. Naquele tempo, o torneio estadual servia como ranking para o Brasileirão, porém restava uma saída honrosa...

Pelo regulamento esdrúxulo de então, ocorria um cruzamento entre as duas principais divisões. Ou seja, os melhores times da Taça de Prata seriam integrados à Taça de Ouro no mesmo ano. Com evidente prestígio pela estreia avassaladora, Casagrande se manteve no time e voltou a marcar na partida seguinte, no triunfo por 3 a 1 sobre o Leôncio, da Bahia, na Fonte Nova, em Salvador. No entanto, Sócrates não participara desses dois jogos e ainda não trocara ideias com o jovem centroavante em plena ascensão.

A primeira vez que os dois atuaram juntos foi no jogo posterior, na vitória sobre o Fortaleza por 4 a 2, no Ceará, com três gols de Zenon e um de Sócrates. Mesmo sem ter balançado a rede, Casagrande deixou o campo todo cheio de si. Afinal, dera os passes finais, as chamadas assistências, para os gols corintianos. Depois da partida, ganhou uma recompensa e tanto. Saiu com Sócrates e Zé Maria para encontrar, num barzinho, o cantor Fagner. O atacante olhava ao redor e mal acreditava. "Para mim, foi o máximo. Com dezoito anos, fiquei deslumbrado com a situação. Parecia coisa de outro mundo estar ali, tomando cerveja com aqueles caras que eu tanto admirava. Ficamos lá até as cinco horas da manhã, quando pegamos um táxi e voltamos para a concentração."

A partir dali, a intimidade se estabelecera. Apesar da diferença de idade, os ideais em comum os aproximavam. O engajamento no movimento Diretas Já, pelo restabelecimento de eleições para presidente da República, e a identificação com o recém-fundado Partido dos Trabalhadores (PT) reforçava a afinidade fora do universo do futebol.

Seguiram-se várias batalhas, vitórias e frustrações. O Corinthians conseguiu subir para a Taça de Ouro e recuperou o moral, porém Casagrande sofreu com a eliminação precoce da Seleção brasileira, diante da Itália, na Copa de 1982. Ele viu à distância a derrocada daquele time que jogava por música, mas de alguma forma se sentia parte integrante dele, pois seu grande parceiro era o capitão da equipe.

No dia da queda em Sarriá, diga-se, Casão ainda não sentiu a dor em sua plenitude. Afinal, tomara um ácido lisérgico com os amigos e mal tinha noção da realidade. Mastigara um pedacinho de papel, parecido com um selo, com a imagem do personagem Pateta. Os ácidos — até hoje, mas principalmente naquela época — à vezes vêm em cartelas com figuras do universo dos gibis, como Super-Homem, Pato Donald, Snoopy etc. Ao final da partida, eles saíram de carro e pegaram a antiga Rodovia dos Trabalhadores, atual Ayrton Senna. Ao volante, Casão observava: "Nossa, essa estrada é cheia de curvas!". Como praticamente só havia retas, foi destituído da direção. Tinha visões e acessos de riso.

Porém, passado o efeito do ácido, Casagrande lamentou, como tantos outros brasileiros, a desgraça daquela seleção fantástica. Na sequência, o bicampeonato paulista de 1982/83, com a confirmação do triunfo da Democracia Corintiana, serviria para enterrar as dores e decretar a temporada de festas no parque São Jorge.

Na esteira do sucesso dentro de campo, Sócrates e Casagrande se expunham cada vez mais na campanha pela redemocratização do país. Iam juntos a comícios e, embora normalmente subissem ao palco, em vários momentos se comportavam como cidadãos comuns. Uma das passagens mais memoráveis refere-se ao principal comício pelas Diretas Já, realizado no dia 16 de abril de 1984, no Anhangabaú, em São Paulo, diante de uma multidão estimada na época em mais de 1 milhão de pessoas. "Com tanta gente, não dava para chegar lá de carro. Então, eu, o Sócrates e o Wladimir estacionamos na estação Tietê e fomos de metrô", conta Casão. "Os outros passageiros estranhavam ao nos ver ali, espremidos no meio da massa, mas todo mundo nos respeitava. Mesmo os torcedores dos clubes rivais não nos hostilizavam; ao contrário, nos tratavam até com carinho e admiração, pois tínhamos os mesmos objetivos políticos."

Os jogadores corintianos se dirigiram para o espaço anexo ao palco, de onde viam chegar artistas e políticos convidados. O locutor era Osmar Santos, "O Pai da Matéria", estrela do rádio que ajudava, juntamente com outros jornalistas progressistas, a dar sustentação à Democracia Corintiana. Apesar da causa nobre e de certo receio de que os militares resolvessem conturbar a manifestação com o aparato de repressão policial, o clima de confraternização e alegria predominava.

Ao mesmo tempo que estava até arrepiado no cumprimento do ato cívico, Casão não pôde evitar de conferir, mais detidamente, o decote da cantora Fafá de Belém, famosa pela exuberância de seus seios e transformada em musa das Diretas Já. Cabia a ela a tarefa de cantar o Hino Nacional. "Também adorei cruzar com o Walter Franco, meu poeta maldito. Sempre gostei dele pra caramba. Ainda hoje é um cara do circuito alternativo, mas, naquela época, quase não havia chance de ver um show dele, pois era proibidíssimo."

A promessa de Sócrates, em praça pública, de que recusaria a proposta milionária da Fiorentina, da Itália, e permaneceria no Corinthians caso a emenda do deputado Dante de Oliveira, que restabelecia eleições presidenciais diretas, fosse aprovada pelo Congresso Nacional, deixou Casagrande boquiaberto. "O Magrão (como também chamava Sócrates) teve muita coragem. Até hoje não sei como ele iria cumprir isso, já que havia tantos interesses envolvidos, e não apenas os que se referiam a ele. Foi uma atitude sensacional!" Infelizmente, a emenda acabou rejeitada pelos parlamentares nove dias depois. Apenas cinco anos mais tarde, depois de Sócrates ter se transferido para a Europa, e com a Democracia Corintiana já extinta, as eleições diretas se transformariam em realidade.

Tantas aventuras juntos tornavam impossível dissociar as imagens de Sócrates e Casagrande. Um episódio ocorrido num jogo de despedida para o Doutor, em amistoso contra o Vasco, na cidade de Juazeiro do Norte, no Ceará, em 3 de junho de 1984, revela o nível de intimidade da dupla. Os jogadores corintianos foram recepcionados por uma multidão desde o aeroporto e, depois da vitória por 3 a 0, houve festa no hotel. Enquanto Sócrates bebia cerveja e cantava com os colegas no bar, Casão preferiu subir para o quarto, acompanhado por uma bela tiete. Depois de transarem, a garota pediu uma camisa do Corinthians como recordação daquele dia tão especial. O centroavante não tinha uma para lhe dar naquele momento, mas a de Sócrates, seu companheiro de quarto, estava pendurada num cabide. Ele não pensou duas vezes: presenteou a moça com o uniforme usado pelo parceiro na partida. Mais tarde, ao reencontrar o amigo, explicou que tomara essa liberdade, as circunstâncias exigiam, coisa e tal. "Porra, eu iria guardá-la como lembrança da minha despedida, Casão...", resmungou o Doutor. "Mas, pensando bem, foi por uma boa causa. Tá limpo!", conformou-se.

Nem sequer a transferência de Sócrates para a Fiorentina e sua posterior contratação pelo Flamengo esfriaram a amizade. Tanto assim que o Doutor foi convidado para ser padrinho de casamento de Casagrande e Mônica. Uma honra que ele perderia por sua proverbial impontualidade.

Por mais que conte como algo engraçado, um ingrediente a mais de subversão naquela cerimônia maluca, o atraso extremo de Sócrates na festa, no fundo, deixou Casagrande magoado. Chegou a hora marcada, e nada de o padrinho aparecer. Ele administrou enquanto pôde a irritação de Mônica, a apreensão de familiares e a impaciência do padre. Quando o sacerdote finalmente lhe deu o ultimato, alegando ter outros compromissos, não restou alternativa a não ser concordar, contrariado, em substituir Sócrates pelo zagueiro Oscar, com quem jogara durante a breve passagem pelo São Paulo. Juninho, seu colega no Corinthians, que ficara com a incumbência de pegar o Doutor, também teve de ser trocado por De Leon na última hora.

A cerimônia estava marcada para as onze horas da manhã, mas Sócrates chegou somente às treze, abrindo espaço entre os convidados, notoriamente tocado pelo álcool, fazendo alvoroço e brincadeiras. "O que é isso? Já começou??? Espera aí, eu tenho algo contra esse casamento... ele não pode ser consumado sem o padrinho", ironizou, manquitolando com a perna engessada, resultado de uma lesão no tornozelo.

Todo mundo riu. Nem o padre conseguiu segurar um sorrisinho furtivo. Inclusive o próprio Casão entrou na brincadeira, emendando piadas, mas o atraso do parceiro num dia tão importante lhe provocou algum desconforto. Além da inevitável tensão durante a sua ausência, Sócrates ainda roubou a cena com a chegada triunfal, chamando para si as atenções num dia em que deveria caber somente aos noivos o papel de protagonistas.

Claro que esse incidente, por si só, não estremeceu a amizade entre os dois. Mas o tempo iria se incumbir de somar outras situações em que o atacante ficou à mercê dos atrasos de Sócrates. Isso passou a irritá-lo cumulativamente, talvez por ele próprio agir, muitas vezes, com descaso bem semelhante ao do parceiro. Não raramente, Casagrande desmarca compromissos em cima da hora e deixa os outros a ver navios. Ou seja, está acostumado a ser aguardado com ansiedade, e não o contrário. Por isso, não desenvolveu a paciência necessária para ele mesmo tomar chá de cadeira e, nessas ocasiões, sente-se desprezado.

Esses incidentes podem ter provocado alguma indisposição por parte de Casagrande, mas o afastamento que se verificaria entre eles, quase uma ruptura, se concretizou por outros motivos. O atacante constatara, até com certa decepção, que Sócrates possuía talento e inteligência para alcançar objetivos bem mais importantes do que se dignava a atingir. Por exemplo: embora tenha sido um dos maiores gênios do futebol, a sua passagem pela Itália resultou em fiasco. Por não se entusiasmar com o ambiente na Fiorentina, entrava em campo como quem batia ponto. A pouca dedicação e a falta de interesse o levaram a encarar aquele período como se fosse uma extradição. Para afastar o banzo, apegava-se a amigos brasileiros que o visitavam, bebia chope ou cerveja o dia todo e dava festas intermináveis. O jornalista José Trajano, a quem convidou para morar em sua casa na Itália, conta que o craque chegava a esconder as chaves das portas da residência para que os convidados não fossem embora. Quando amanhecia, já bêbado, ia direto para o treino.

Apesar de também ser dependente químico e jamais ter se configurado num exemplo de quem cuida bem do físico, Casagrande exibe um traço primordial de personalidade: o senso competitivo. Se ele for correr no parque Ibirapuera, por puro lazer, é certo que acabará se impondo a meta de ultrapassar o corredor desconhecido imediatamente à sua frente. Sem que o sujeito se dê conta. E depois outro, e outro, e mais outro... Nem mesmo seus filhos, quando eram pequenos, foram tratados como café com leite. Ele não deixa ninguém ganhar dele, deliberadamente, sequer no jogo de palitinho.

Dessa forma, quando se transferiu para a Europa, Casão conseguiu se manter centrado na meta de alcançar sucesso, o que de fato conseguiu, tanto num clube pequeno como o Ascoli, quanto em times de maior tradição, como o Porto e o Torino. Afastou-se das drogas e treinava com absoluto afinco. A tal ponto que, em determinadas situações, parecia se transformar em líbero, indo ao ataque e voltando para auxiliar a defesa com fôlego invejável.

Essa visão em relação a Sócrates, de que podia ir muito mais além, não se restringe à carreira de atleta. As aventuras bissextas do Doutor como técnico, em times como Cabofriense e LDU (Equador), ou como produtor teatral de peças fadadas ao prejuízo, em curtas temporadas, reforçam tal ideia. A formação em medicina pela Universidade de São Paulo (USP), uma instituição de primeira linha, também não rendeu os frutos possíveis. Mas, sobretudo, sua atuação política poderia ter sido bem mais profícua. Foi secretário de Esportes de Ribeirão Preto, participou aqui e ali de ações desenvolvidas pelo PT, mas nunca se dispôs a se transformar num autêntico líder nacional. "Não concordo com muitas coisas que o Sócrates fez ou até mesmo deixou de fazer. Acho que lhe faltava flexibilidade para usufruir a própria genialidade na plenitude. Ele poderia ter tido influência no país de modo muito mais efetivo", analisa Casão.

O jornalista Juca Kfouri, que era bem próximo de Sócrates e mantém relações fraternas com Casagrande, se impressiona com a inversão de papéis verificada ao longo dos anos. "Na época da Democracia Corintiana, pelos bares da vida, eu me lembro do Magro (como ele se refere a Sócrates) dando dura no Casão, tentando colocá-lo no caminho depois daquele episódio da prisão: 'Você dá muito mole, tem de ser esperto... você é bobão, malandro coca-cola', ele dizia. E o Casão ouvia como se fosse um filho." Anos mais tarde, durante um jantar com a dupla num restaurante, Juca ficou surpreso com a mudança de situação. "Foi uma das coisas mais assustadoras que vi, anos depois, ambos já ex-jogadores, com os papéis invertidos. Aí era o Casão que dava dura no Magro: 'Pô, você não leva nenhum projeto adiante... Você é brilhante, um cara capaz de fazer qualquer coisa que quiser bem-feita, mas não leva nada pra frente'. O Magro só ouvia e olhava pra ele. Diante daquilo, pensei: parece agora que o Casagrande é o pai! Evidentemente, isso foi antes das crises do Casão."

Esses conflitos chegaram à ruptura a partir de um encontro no qual Sócrates — talvez como autodefesa, por não gozar de tanta exposição na mídia quanto o companheiro àquela altura — insinuou que o amigo havia se vendido ao sistema, ou coisa do gênero, ao se tornar comentarista da TV Globo. Como se trabalhar na maior emissora do país implicasse a renúncia de seu lado transgressor. O comentário feito em público à mesa de um restaurante — em tom de humor, mas com um quê provocativo, típico do Doutor — não caiu bem para Casão. A partir dali, ele passou a evitar qualquer contato.

O curioso é que não houve briga, sequer discussão. Simplesmente um afastamento frio, silencioso e calculado, o que impossibilitava a lavagem de roupa suja e a consequente reconciliação. Casão agiu como em tantas outras vezes, com as mais variadas pessoas: simplesmente riscou o amigo da agenda, sem exteriorizar seus sentimentos.

Esse divórcio durou anos, sem que quase ninguém soubesse. Em 2006, planejei promover a reaproximação da dupla, mas os dois sempre escapuliam. Resolvi, então, tornar público o rompimento para ver se os forçava a tocar no assunto espinhoso e resolver de uma vez por todas a situação. Esse foi o tema da coluna "Bola em Jogo", do dia 27 de agosto, que era publicada no *Diário de S. Paulo* aos domingos. Fiquei surpreso com o número de e-mails enviados por leitores para comentar o assunto — ultrapassou em muito a média habitual de mensagens que recebia. Ninguém se conformava com o afastamento deles. As pessoas pareciam sofrer junto, pela ligação afetiva com os personagens, como se fosse trama de novela.

Num almoço com Casagrande, lhe mostrei a coluna, falei sobre a repercussão junto aos fãs e o estimulei a tomar uma atitude para fazer as pazes. Até me ofereci como mediador e propus um local neutro, como um barzinho ou restaurante. "Se você quiser assim, Gilvan, tudo bem. Mas eu não vou ligar pra ele! Só se você telefonar e combinar tudo...", respondeu Casão, um tanto infantil. O primeiro passo já estava dado, até porque Sócrates não demonstrava ressentimento. O maior empecilho era o fato de ele viver em Ribeirão Preto: seria preciso conciliar suas vindas a São Paulo com a agenda de Casão, às voltas com viagens para transmissão de jogos pela TV e outros compromissos.

Até que surgiu uma chance extraordinária para juntar o "casal" em crise: Paulo César Caju os convidou para participar de um evento sobre a Democracia Corintiana. O campeão do mundo de 1970 organizava encontros desse tipo, nas principais capitais do país, escolhendo como temas os times inesquecíveis do futebol brasileiro, como o Fluminense de Rivellino, Carlos Alberto Pintinho e companhia; a Academia do Palmeiras de Ademir da Guia, Dudu e Leivinha etc. Aquilo vinha a calhar. Conversei, então, com Sócrates e Casão: combinamos que, depois do debate, iríamos para um local reservado acertar os ponteiros e acabar com aquela bobagem.

No grande dia, cheguei com antecedência ao Jockey Club de São Paulo, local do evento, e já encontrei Casagrande por lá. "Fiquei com medo de me atrasar por causa do trânsito, não queria pisar na bola com o Caju", explicou ele. Nós nos sentamos a uma mesa e, aos poucos, foram aparecendo convidados e jornalistas que fariam a cobertura para diversos meios de comunicação. Na hora programada, nada de Sócrates aparecer. O tempo ia passando, e Caju já dava sinais de preocupação. Quando já se passara exatamente uma hora do horário estabelecido, Casão me cochichou ao ouvido: "Esqueça aquela ideia de sairmos juntos depois. O cara não respeita ninguém, deixa todo mundo sempre esperando por ele, quer ser o centro das atenções... Fez isso até no dia do meu casamento, mas já me cansei! Só não vou embora agora pelo Caju".

Ali percebi o quanto a mancada no dia do casamento o havia de fato incomodado. Porém, no mesmo instante, as luzes e câmeras de TV começaram a ser ligadas e os repórteres precipitaram-se para a entrada. Sócrates, finalmente, chegara. Diante da irritação de Casão, temi que houvesse alguma saia justa na frente de todo mundo. Porém, para minha surpresa, os dois se cumprimentaram normalmente com um abraço e foram para o pequeno palco montado no salão. Foi uma noite incrível. Parecia que ambos tinham ensaiado um roteiro, com tiradas inteligentes, encadeadas e bem-humoradas, em absoluta sincronia. Um completava a frase do outro, e eles mostravam intimidade como nos velhos tempos da Democracia Corintiana.

Em dado momento, fui ao banheiro e encontrei Paulo César Caju exultante. Não se continha nem enquanto urinava, no mictório ao meu lado: "É o melhor evento entre todos que já realizei. Esses caras são geniais, se entendem por pensamento, estão fazendo tabelinhas com palavras!". Àquela altura, eu julgava as diferenças da dupla já superadas e esperava por nossa reunião em particular, logo em seguida, apenas para oficializar o tratado de paz.

Ledo engano. Assim que o evento se encerrou, o rosto de Casagrande se transfigurou. Ele atendia as pessoas que se aproximavam para tirar fotos e pegar autógrafos, mas já ia caminhando em direção à saída. Ao passar por mim, agarrou o meu braço e praticamente me arrastou para seu carro. Tentei argumentar e convencê-lo a esperar por Sócrates, mas ele nem sequer quis se despedir do Doutor. Aliás, de ninguém: saiu de fininho, como se diz. "Sabe aquilo que eu falei antes? Não mudou nada. Só segurei a onda e fiz o show pelo Caju. O Sócrates não respeita a gente." Sem esconder o abalo emocional, me deixou na porta de casa, se despediu secamente e foi embora em ebulição. Mal consegui dormir naquela noite de tão frustrado que estava.

Pelo menos a vida lhe daria a chance de se reconciliar com o velho companheiro antes de sua morte. Quando Sócrates teve de ser internado às pressas, por conta de uma hemorragia digestiva, Casagrande foi visitá-lo no hospital Albert Einstein. Em face da gravidade da doença, enterrou as mágoas e o orgulho ferido. Ainda entubado, o Doutor lhe deu a mão e ouviu palavras de força. Depois da alta, os dois voltaram a se encontrar e até gravaram juntos o programa *Arena SporTV*. Ficaram com a alma mais leve.

Meses depois, Sócrates voltaria a ser internado e, na terceira vez, não resistiu. Casão sentiu como se tivesse perdido uma parte de si mesmo. No fim de semana seguinte, almoçamos juntos no restaurante Fidel e, ao chegar, o encontrei meditativo, tomando cerveja e batida de coco. Estranhei porque ele bebe pouco, ainda mais raramente cerveja, e havia muito tempo não o via misturar duas bebidas. "Essa chuvinha me faz lembrar do Sócrates... muitas vezes ele me chamava para ir a botecos em dias assim. Pedia cerveja, caipirinha e ficávamos batendo papo até a noite. Preferia bares de esquina, bem simples. Demonstrava o socialismo que tinha nas veias em lugares acessíveis a qualquer um. Fico aqui recordando as suas ideias e tentando adivinhar o que ele ainda teria a dizer. Ainda bem que nos reaproximamos no final da vida dele. Senão a dor seria insuportável."

A esse respeito, Casagrande publicou um belo texto no *Diário de S. Paulo*, no dia da morte de Sócrates, exatamente na data em que o Corinthians se sagrou pentacampeão brasileiro — e o público no Pacaembu deu adeus ao ídolo com seu gesto tradicional, de punho cerrado e o braço direito levantado. Vale encerrar este capítulo com a declaração pública de amor feita por Casão.

CONFESSO QUE TE AMEI
(Por Walter Casagrande Júnior)

Claro que fiquei muito triste com a morte do Sócrates, mas, de forma até egoísta, o sentimento predominante é de alívio. Isso porque tive a chance de falar para o cara, olhando bem nos seus olhos, o quanto gosto dele. Precisava me sentar à mesa com o Magrão, reconhecer a importância que ele teve na minha história e recordar momentos especiais que vivemos juntos. Para mim, era algo fundamental.

Nós passamos muitos anos sem nos falar. Nunca brigamos, mas havíamos nos separado em decorrência da vida. Ficaram uma distância e alguns ruídos na relação, por conta de visões diferentes sobre algumas questões. Mas nunca deixei de amá-lo e precisava lhe falar isso antes de sua partida. Felizmente, essa oportunidade surgiu por conta das internações anteriores. Se não tivesse acontecido, agora estaria carregando um peso insuportável.

Sem dúvida, foi meu maior parceiro no futebol. Quando eu era juvenil no Corinthians, eu o tinha como ídolo e costumava ficar ao lado do campo para vê-lo nos treinamentos do time profissional. Depois, em 1981, fui jogar na Caldense e houve um amistoso lá contra a Seleção brasileira. Fiquei ansioso, não sabia se ele me reconheceria. Mas o Magrão se lembrou de mim e até tiramos fotos no campo.

No ano seguinte, voltei para o Corinthians e fiz minha estreia contra o Guará sem a presença do Sócrates. No segundo jogo, ele também não estava. Só fomos jogar juntos no terceiro, na vitória sobre o Fortaleza, com três gols do Zenon e um do Sócrates. Eu participei de todos os gols e percebi que daria liga.

A partir dali, formamos uma dupla memorável, com tabelinhas e troca de passes em que antecipávamos o pensamento do outro. As minhas características combinavam com as dele, nós nos completávamos. Podíamos até perder, o que faz parte do jogo, mas poucas vezes não rendemos bem juntos.

Nós também nos identificávamos no aspecto político. Foi sensacional ter vivido a Democracia Corintiana a seu lado, lutado por eleições diretas para presidente e participado da fundação do PT. Como jogadores, aproveitamos a popularidade para passar mensagens contra a ditadura militar.

Compartilhávamos também da dependência química: tive problemas com drogas e ele, com álcool. Pagamos caro por isso. Sócrates não sobreviveu, mas parte em paz. Você deixou uma história fantástica, parceiro, e ajudou a tornar o mundo um pouco melhor. Tínhamos uma estreita aliança... Vou jogar meu anel fora. Fazer o que com um anel pela metade?

CAPÍTULO CATORZE

Política em campo

BRAHMA CHOPP
DEMOCRA

Sem dúvida, Sócrates influenciou politicamente Casagrande, como, aliás, o fez com tanta gente. Mas engana-se quem pensa que esse interesse surgiu por causa do parceiro. Desde pequeno, quando ainda era chamado de Waltinho, a preocupação com os rumos do país, dominado pela ditadura militar, já existia. Com índole libertária, incomodava-se profundamente com a opressão imposta pelos milicos. A prisão arbitrária de oposicionistas, estudantes e artistas criava um clima de terror. Muitos eram torturados e mortos no cárcere. Sem falar na censura, que castrava a expressão de ideias e as manifestações culturais.

Nesse cenário, extravasava suas emoções por meio de músicas de protesto, que vicejavam na MPB e no rock nacional. Ouvia de Chico Buarque a Raul Seixas, de Caetano Veloso a Mutantes, de Gilberto Gil a Belchior. Lia os quadrinhos e as charges do cartunista Henfil. Trocava ideias "subversivas", como os aparelhos repressivos costumavam definir qualquer tipo de questionamento civil, com os colegas na Penha. O uso de drogas, os cabelos compridos e as roupas de "bicho grilo" não deixavam de ser atos de contestação e rebeldia naquele ambiente sufocante.

Casão acompanhava com atenção as mobilizações de resistência ao autoritarismo, pronto a tomar parte delas. Adolescente engajado, fazia questão de comparecer a shows com motivação política. No parque São Jorge, houve alguns eventos desse tipo. Em 1979, ainda juvenil do Corinthians e totalmente desconhecido, assistiu a um show em prol da anistia aos brasileiros exilados. Naquela sexta--feira, foi o único atleta das categorias de base a ir ao espetáculo, depois de treinar de manhã e à tarde. "Pela primeira vez, tive contato com artistas. Os alojamentos localizados atrás do ginásio foram improvisados como camarins e, por ser atleta, consegui acesso. Mas só passei rapidamente e dei uma olhada: vi a Elis Regina, o Made in Brazil..."

Além da sensação cívica por participar de uma causa tão importante, Casão ainda curtia o prazer proporcionado pela própria música, sua paixão desde o berço. Mas havia certa tensão no ar. Hoje, é até difícil para as novas gerações imaginarem, mas, naqueles tempos, um simples show podia se transformar numa aventura perigosa. E não deu outra. Tudo corria bem até 1h30, duas horas da manhã, quando o batalhão de choque da PM invadiu o local. "Com escudos e cassetetes, os policiais partiram para cima da gente. Foi um corre--corre fodido."

Para não correr o risco de apanhar ou ser preso, refugiou-se na galeria de um prédio, que pertencia ao então presidente corintiano, Vicente Matheus, bem em frente ao próprio clube. "Eu assisti ao show com a Taís, uma amiga que era moradora desse mesmo prédio, mas ela já tinha ido embora quando a polícia apareceu. Então invadi a galeria e dormi ali mesmo, num cantinho."

Poucos anos depois, já famoso, continuou indo a shows dessa natureza no parque São Jorge, em defesa das eleições diretas para presidente ou com o propósito de levantar fundos para o recém-nascido Partido dos Trabalhadores (PT). Foi numa ocasião dessas, em 24 de outubro de 1982, que Casagrande conheceu um personagem de vital importância em sua vida: o cantor e compositor Gonzaguinha.

No fim da manhã daquele dia, o craque participara do Futebol das Estrelas, um jogo cívico pela democratização do país do qual constara jogadores do Corinthians e diversos artistas, como Gonzaguinha, Fagner, Toquinho e até a atriz Bete Mendes, conforme consta do relatório oficial preparado por agentes da Polícia Civil para o Dops (Departamento de Ordem Política e Social).

Ao final da partida, Casão deixou o campo, casualmente, ao lado de Gonzaguinha. Os dois iniciaram conversa enquanto caminhavam e, como houve afinidade imediata, resolveram parar no Bar da Torre, no coração do parque São Jorge, para tomar cerveja e continuar o animado bate-papo. Falaram um pouco sobre futebol e música, mas muito mais sobre política. O tempo passou rapidamente, e, quando perceberam, eles já haviam enxugado várias garrafas — os ponteiros do relógio se aproximavam das dezessete horas. Então, pediram a conta e correram para se juntar aos demais colegas no churrasco preparado na área dos quiosques, perto das piscinas do clube. Chegaram à confraternização no final, com as carnes já um tanto esturricadas. Mas valera a pena...

"O Gonzaguinha tinha a imagem de ser um cara fechado, de pouca conversa, até ranzinza. Mas descobri que era aberto e sorridente com quem se identificava. Nasceu, ali, uma grande amizade", conta Casão. Depois do churrasco, o atacante levou o cantor em seu jipe até o hotel. Gonzaguinha iria fazer à noite um show no Tuca, teatro da Pontifícia Universidade Católica (PUC), que se tornara um símbolo de resistência depois de ter sido invadido em 22 de setembro de 1977 pelas forças do regime militar, comandadas pelo coronel Erasmo Dias, com o objetivo de reprimir uma manifestação estudantil no local.

Na ocasião, cerca de 2 mil estudantes se reuniam em frente ao Tuca, quando foram surpreendidos por 3 mil policiais, entre militares e civis. A tropa investiu contra os manifestantes com grande violência, explodiu bombas, espancou alunos e professores. Em pânico, parte da multidão buscou refúgio na universidade, invadida então pelo aparelho de repressão. Móveis foram quebrados e arquivos, destruídos. As paredes amanheceram pichadas com a sigla CCC (Comando de Caça aos Comunistas). A ação terminou com a detenção de 854 pessoas, das quais 92 foram fichadas no Dops. Cinco anos mais tarde, o show de Gonzaguinha no Tuca fazia o cantor relembrar, juntamente com Casão, aquele episódio trágico.

Por toda sua história, o Tuca era um teatro que trazia lembranças afetivas às pessoas com aspirações democráticas. Um show de Gonzaguinha lá, então, tinha um apelo quase irresistível para Casagrande. Mas o jogador não poderia ir ao espetáculo. Naquela mesma noite, haveria um show no Corinthians, denominado Estrelas no Parque, com a participação de diversos artistas para levantar fundos para a campanha de Luiz Inácio Lula da Silva ao governo de São Paulo. Como também aponta outro documento preparado pelo Dops, estiveram presentes Fagner, Henfil, Belchior, Tetê Spíndola, Beth Mendes e Gonzaguinha, além dos jogadores Sócrates, Wladimir e Casagrande. "Elis Regina foi muito lembrada pelos presentes, que inúmeras vezes gritavam euforicamente o nome do Partido e de seu candidato ao governo de São Paulo", relatou o agente da repressão.

Inicialmente, Gonzaguinha não iria participar do show no Corinthians. "Ele defendia a democracia, mas não queria se ligar a nenhum partido politico", explica Casa. No entanto, a organização do evento considerava imprescindível sua presença e delegou ao atacante a missão de convencer o compositor a fazer parte do espetáculo. "Ele não quer vir, e eu só conheci o cara hoje, pô! Não posso fazer nada!", rebateu o jogador. Porém, os militantes ressaltaram que Gonzaguinha demonstrara simpatia especial por ele naquela tarde, pois não costumava conversar por tanto tempo e ficar tão à vontade na presença das pessoas em geral. E se havia alguém capaz de recrutá-lo para a causa, esse seria Casagrande.

O centroavante acabou aceitando a tarefa. Depois de subir ao palco para anunciar Fagner, o primeiro astro a se apresentar naquela noite no ginásio do parque São Jorge, ele partiu sozinho em direção ao Tuca. "Cheguei a tempo de pegar a última música do show. Em seguida, fui ao camarim. Como já sabia, Gonzaguinha tentou resistir à ideia. Não queria se vincular a qualquer partido. Mas argumentei que vivíamos um momento de transição e seu apoio a um partido novo, com princípios democráticos, seria muito importante. Ele acabou concordando e fomos rapidamente para o Corinthians."

Gonzaguinha foi recebido com entusiasmo pelo público, estimado em cerca de 2.500 pessoas pelos agentes do Dops. Numa das músicas, Casagrande, Sócrates, Wladimir e Pita até subiram ao palco para fazer *back vocal*. "A partir daí, nós nos tornamos muito próximos. Toda vez que eu jogava em Belo Horizonte, onde Gonzaguinha morava, nós nos encontrávamos. Ele me visitava no hotel, ia ao jogo do Corinthians e, depois, saíamos juntos."

Em janeiro de 1983, houve o show de Gonzaguinha com seu pai, Luiz Gonzaga, no ginásio do Ibirapuera, em São Paulo. Os dois tinham uma relação conflituosa e, finalmente, haviam estabelecido parceria, depois de fazerem as pazes. Casagrande, claro, foi assistir à apresentação. Chegou em cima da hora e dirigiu-se ao camarim, onde encontrou somente Gonzagão. "Ainda bem que você veio! Meu filho estava aflito, esperando por sua chegada. Ele já está no palco, corre para a plateia que já vamos começar o espetáculo", disse o rei do Baião ao vê-lo ali. "Fiquei até emocionado. Porra, o Luiz Gonzaga! Uma figura histórica, que eu havia estudado no colégio, bem na minha frente", lembra-se Casa.

A maior emoção, no entanto, ainda estava por vir. Ao lado de Ismael, lateral-direito do Corinthians que o acompanhava, o jovem centroavante espremeu-se na arquibancada, no meio do público. Após cantar uma música, Gonzaguinha chamou seu pai ao palco e o ginásio quase veio abaixo para saudar uma das maiores figuras da música popular brasileira de todos os tempos. Logo ao entrar no palco, Luiz Gonzaga surpreendeu a todos com um discurso: "Aqui no ginásio há um garoto de dezenove anos que está lutando para ser alguma coisa na vida, começando a carreira no futebol, e já se tornou vítima da repressão neste país", disse Gonzagão, referindo-se à prisão de Casagrande no mês anterior, sob acusação de porte de cocaína. Enquanto isso, um canhão de luz o procurava na plateia.

Ao ser localizado, ainda atônito e ofuscado pela luminosidade, Casão tinha os olhos marejados. "Uma coisa fodida! Não era qualquer um, era o Luiz Gonzaga saindo em minha defesa. Isso ajudou muito a deixar a opinião pública ao meu lado", reconhece.

Depois disso, seguiram-se muitos outros encontros com Gonzaguinha. Durante a preparação para a Copa do Mundo de 1986, na Toca da Raposa, em Belo Horizonte, o contato se tornou praticamente diário. "Ele ia quase todos os dias, de bicicleta, ver o treino. Um cara inteligente pra caralho, gente fina, alegre e divertido. Bem diferente daquela sua imagem pública, mais fechada. O Gonzaguinha se tornou um irmão para mim e acrescentou muito na minha vida."

O estreito envolvimento com os shows de cunho político realizados no parque São Jorge, assim como seu papel de destaque no movimento da Democracia Corintiana, o levou a ser monitorado pelos órgãos da repressão dali em diante.

Outros "atos suspeitos" do atacante, como a assinatura de um manifesto contra o racismo, também foram registrados pelos representantes da ditadura, em seu último suspiro. Nada que o incomode. "Só descobri que havia referências a mim nos arquivos da repressão recentemente, quando foram abertos para consulta e um amigo do Rio me avisou. Mas considero isso até uma honra. Desde os doze, treze anos, já dispunha de informações sobre o que se passava no país e abominava a ditadura. Tinha até problemas na escola porque batia de frente com professores e diretores. Fazia movimentos com os alunos por qualquer coisa, às vezes até por razões meio bobas, pois tinha o lado contestador muito aflorado."

Casagrande se filiou ao PT numa época em que o novo partido simbolizava a esperança de mudança na política do país, e sente grande orgulho por ter ajudado a legenda a crescer e se estabelecer como força nacional. "Naquela época, andava muito com os jornalistas Gilson Ribeiro, então na TV Globo, e Ari Borges, da *Folha de S.Paulo*, que compartilhavam os mesmos ideais de liberdade. Nós frequentávamos o bar Spazio Pirandello, reduto de intelectuais e artistas de esquerda. Ficava na rua Augusta, e até algumas reuniões do PT eram feitas lá."

Mesmo com o fim da imagem purista em relação ao PT, depois de sua chegada ao poder, Casão continua sendo petista e lulista convicto. Ele chega a se emocionar toda vez que olha para uma foto histórica, na qual aparece sentado ao lado de Lula, juntamente com Wladimir e Pita (ex-jogadores do Corinthians), em cima de uma mesa na primeira sede da legenda em São Paulo. "Nunca votei em outro partido e sempre acreditei no Lula. Quando ele virou presidente, me senti orgulhoso, realizado. Afinal, foi uma aposta minha, juntamente com muitas outras pessoas, que acabou dando certo. Ele se tornou um dos melhores presidentes da história do país. Entre erros e acertos, o saldo é muito positivo."

Casagrande relativiza as críticas feitas a Lula e ao PT pelas composições com antigos caciques da política nacional. Para ele, são concessões necessárias para exercer a presidência no Brasil e dar continuidade ao projeto de transformação idealizado desde seu surgimento, com maior divisão de renda e melhoria das condições de vida das classes menos favorecidas. "A maioria dos políticos, assim que chega lá, no Palácio do Planalto, entra completamente no jogo das velhas raposas. No meu entender, o Lula não caiu nessa rede, não, mas simplesmente cedeu em alguns pontos em prol de um objetivo maior. Isso é a melhor forma de governar mesmo", argumenta.

Ele dá um exemplo concreto: "Se o primeiro ato do Lula tivesse sido declarar guerra ao José Sarney... Pronto, estava fodido, acabado, e o Brasil não teria os avanços proporcionados por seu governo. Então, não se pode bater de frente. Precisa ser hábil para compor até certo ponto e limitar ao mínimo a influência desses caras no cenário político nacional".

Até mesmo a atitude de Lula ao buscar o apoio de Paulo Maluf para aumentar a base de sustentação e eleger Fernando Haddad prefeito de São Paulo, que indignou tanta gente na eleição de 2012, é vista com alguma condescendência. "Cultivei ódio mortal pelo

Maluf durante um longo período da minha vida. Não queria nem conversa com malufistas e, certamente, sofreria um ataque nervoso, tempos atrás, se visse uma foto do Lula com o Maluf. Mas hoje esse personagem ultrapassado não me inspira mais tanta indignação. Só o acho cômico. É um cara que me faz dar risada, ainda mais depois de ter perdido força e acabar praticamente neutralizado. Como um sujeito que corre o risco de ser preso pela Interpol, caso deixe o país, ainda consegue se manter na ativa? Virou folclórico."

Nessa aproximação da esquerda com a direita, sem extremismos, Casagrande não resiste a uma comparação com o futebol: "Eu me tornei mais flexível com o tempo e até me dou bem com o (Emerson) Leão, com quem tive sérios problemas na época da Democracia Corintiana. Muita gente radical me chama de vendido por isso, ou por trabalhar numa emissora poderosa como a Globo, o que é uma grande bobagem. Eu e o Leão temos filosofias e conceitos totalmente opostos, mas podemos manter, mesmo assim, uma relação amigável". Isso, afinal, é o princípio da própria democracia.

CAPÍTULO QUINZE

O Leão é manso

Quem acompanhou a convivência conflituosa de Casagrande com Leão, na época em que ambos jogaram juntos no Corinthians, surpreende-se com a boa relação entre os dois atualmente. Eles continuam divergindo em quase tudo, mas a camaradagem e o afeto são evidentes. Mais de uma vez, ao saber que o ex-atacante enfrentava problemas de saúde, como a diverticulite que o obrigou a extirpar parte do intestino grosso, por exemplo, o ex-goleiro foi visitá-lo no hospital. "Quando os ídolos enfrentam crises mais sérias, existe um afastamento dos pseudoamigos e das pessoas que antes eram íntimas. Por isso, fiz questão de ir vê-lo e levar minha solidariedade. Às vezes, uma demonstração de carinho e respeito faz parte de um bom tratamento", afirma Leão.

O curioso é que Casagrande foi justamente o jogador que mais se opôs à sua contratação pelo Corinthians em 1983. Na época da Democracia Corintiana, qualquer reforço pretendido passava pelo crivo de todo o grupo. Alguns nomes chegavam a ser vetados. Quando havia alguma posição carente, a diretoria apresentava uma lista com três sugestões e, por votação, o elenco, a comissão técnica e os integrantes do departamento de futebol opinavam. No caso de Leão, não aconteceu essa consulta ampla, o que gerou a indignação do jovem centroavante, radicalmente contrário à ideia.

O ex-goleiro do Palmeiras, que então defendia o Grêmio, tinha fama de ser individualista e desagregador, mas com qualidade indiscutível. O diretor de futebol, Adilson Monteiro Alves, apostava que conseguiria contagiá-lo com o clima de entusiasmo e união presente no parque São Jorge, ainda mais depois da conquista do Campeonato Paulista de 1982, e temia ver o projeto frustrado por conta dessa prevenção existente entre muitos atletas. Dessa forma, resolveu abrir uma exceção e consultar, dessa vez, somente profissionais que já tivessem trabalhado com Leão. Foram ouvidas apenas cinco pessoas: o técnico Mário Travaglini, o preparador físico Hélio Maffia e os jogadores Sócrates, Zé Maria e Wladimir. Todos elogiaram o profissionalismo e a capacidade técnica de Leão, o que, aliás, dispensava comentários. Ele integrara a seleção tricampeã do mundo em 1970, como reserva, e disputara as Copas de 1974 e 1978 como titular. Mais tarde ainda jogaria a de 1986. Houve, é claro, ressalvas sobre seu temperamento um tanto difícil, mas isso Adilson acreditava ser possível contornar.

Diante da notícia consumada de que Leão fora contratado pelo Corinthians, surgiram focos de insatisfação. O mais revoltado era Casagrande, que chegou a ser afastado do elenco por quarenta dias depois de contestar publicamente a decisão. Além de considerar o goleiro uma ameaça ao projeto democrático no clube, ele rejeitava o reforço por solidariedade a Solito, camisa 1 na conquista do título estadual, que, na certa, passaria a esquentar o banco.

Quando começou a convivência no parque São Jorge, os dois não se dirigiam a palavra nem mesmo durante os treinos. E o primeiro diálogo foi provocativo. No dia 6 de março de 1983, minutos antes de estrear pelo Corinthians, na derrota para o Fluminense por 1 a 0, no Maracanã, pelo Campeonato Brasileiro, Leão se sentou ao lado de Casagrande no banco do vestiário, pegou a chuteira branca do atacante, uma novidade na época, e cutucou: "É bonita, hein? Será que ela faz gol?", questionou, com olhar perscrutador e sorriso irônico. Casão devolveu: "Sua luva também é bonita. Só tem de agarrar a bola, né?".

Foi nesse clima hostil que os dois se tornaram colegas. No princípio, a única coisa que Casagrande admirava no companheiro, além do talento embaixo das traves, evidentemente, era o novo modelo de camisa adotado pelo goleiro, bastante incomum, com listras pretas e brancas horizontais. Jovem e atrevido, Casão tinha a pachorra de chegar mais cedo ao vestiário só para pegar uma dessas camisas e as luvas do desafeto, diretamente com o roupeiro, e brincar no gol, com as peças pessoais de Leão, antes do início dos treinos. Ao subir para o campo e se deparar com a cena, Leão ficava tiririca. Pelo menos assim pensava Casagrande. "Esse tipo de irreverência dele, de bater bola no gol com meu uniforme, eu achava até gozado. É um lado legal da personalidade do Casa", assegura Leão atualmente.

Os choques para valer aconteciam pela oposição de Leão às liberdades concedidas aos atletas, em sua opinião excessivas. "A permissividade exagerada se chocava com o profissionalismo. Como sempre fui um atleta voltado a fazer sucesso na carreira, não perdia o foco com outras coisas. E logo ao chegar, infelizmente, percebi que lá reinava um pensamento diferente: o foco principal estava na política, e não no futebol. Aquele grupo até vencia campeonatos, por mérito e qualidade técnica dos jogadores, mas poderia ter ido ainda mais longe."

Leão contesta até mesmo o rótulo Democracia Corintiana, lançado pelo publicitário Washington Olivetto, então vice-presidente de marketing, a partir de uma frase de Juca Kfouri. Durante um debate na Pontifícia Universidade Católica (PUC), o jornalista fizera o seguinte comentário: "Se os jogadores continuarem a participar das decisões no clube, se os dirigentes não atrapalharem e se a imprensa esclarecida apoiar, veremos que aqui se vive uma democracia, uma democracia corintiana". Olivetto pescou aquilo no ar para criar uma marca que entraria para a história.

Menos por Leão e seus seguidores, é claro. "Até hoje se fala de uma democracia que eu achava não existir. Só uma turma mandava: o Sócrates, o Adilson Monteiro Alves, o próprio Casagrande e o Flávio Gikovate, psicólogo do time que ganhava até bicho." Por discordar do sistema instituído, o goleiro imediatamente passou a fazer oposição.

Um mês depois da chegada de Leão, foi convocada uma assembleia com a presença de todo o elenco, ao final de um treinamento. "A reunião era por minha causa. A coisa foi posta dessa forma pra mim: 'Faz trinta dias que você está aqui, e 50% das pessoas já passaram para o seu lado'. Queriam me acusar de dividir o grupo. Aí respondi assim: 'Então não deixem, não, porque vou mudar 100%, se puder'. Eu era visto como uma ameaça porque não fazia parte daquilo. Não comparecia a festas e reuniões, embora o Adilson me chamasse, pois não queria saber de política. O meu único objetivo era servir o Corinthians da melhor maneira possível, e fazia isso através de treinos e mais treinos."

Apesar dos conflitos, Casão sempre admitiu a importância do goleiro para a conquista do título paulista de 1983. "Ele pegou muito, isso é inegável. Se não fossem suas defesas, algumas extremamente difíceis, não teríamos sido campeões naquele ano." Leão fechou o gol em várias partidas, especialmente na semifinal contra o Palmeiras. Antes daquele jogo, acontecera outra reunião para lavar roupa suja. O time não jogava tão bem quanto na campanha do ano anterior, e Leão foi acusado de fomentar rachaduras no grupo e quebrar a harmonia. Sócrates e Adilson Monteiro Alves lhe deram uma prensa. O dirigente o preveniu de que, se a equipe fosse eliminada, os líderes da Democracia Corintiana iriam conceder entrevistas responsabilizando-o pela derrocada. "Desde o início eu estava no fio da navalha. O time tinha sido campeão paulista e, se não fosse bicampeão, o culpado seria eu."

Por isso, ao final da decisão, outra vez contra o São Paulo, no empate em 1 a 1, no Morumbi, com gols de Sócrates e Marcão, Casão voltou a elogiar o goleiro. Ele já dera o braço a torcer desde o confronto com o São Paulo no primeiro turno do campeonato. O resultado havia sido o mesmo e, depois de marcar o gol de empate, atravessara o campo para abraçar o camisa 1. O gesto causou surpresa na época, mas aconteceu espontaneamente, num reconhecimento sincero. Talvez tenha se iniciado ali, de forma embrionária, a aproximação entre os dois. Algo acima da compreensão de muita gente que vê Leão como um osso duro de roer.

A sua personalidade dominante normalmente intimida os interlocutores. Mas Casagrande tem a capacidade de lhe falar as coisas mais espinhosas, na bucha, sem que ele morda ou nem sequer solte um rugido. Certa vez, durante um almoço, presenciei a seguinte discussão entre eles, acerca dos velhos tempos da Democracia Corintiana: "A coisa ia bem até você chegar, Leão, e começar a formar panelinha com os jogadores insatisfeitos, a maioria deles porque estava na reserva", disparou Casão. Na hora, pensei: xiiiii, falou em panelinha, isso vai acabar em indigestão. Porém, para minha surpresa, Leão não perdeu as estribeiras e simplesmente rebateu: "Não havia panela nenhuma. Só me tornei representante dos excluídos porque eles não tinham voz e precisavam de alguém de peso para representá-los". Tudo entre uma garfada e outra, na maior cordialidade.

Além de ambos terem se tornado mais flexíveis com o passar dos anos, os dois se respeitam por se admirarem profissionalmente. "O Casa se reencontrou no futebol como comentarista. Eu sinto prazer em escutá-lo. Ele fala coisas que a gente está vendo no campo e não só aquilo que os torcedores gostariam de ouvir", avalia Leão, que destaca a capacidade de ler o jogo, dissecar os bastidores de uma equipe e tocar nos pontos nevrálgicos. "Não é fácil para um ex-jogador ser tão autêntico, falando na Rede Globo para milhões de telespectadores. Mas percebo a independência em suas análises. Ele consegue fugir da mesmice de tantos outros comentaristas."

Sempre apontado como inimigo número um de Sócrates, Leão lamenta a morte precoce do ídolo corintiano por alcoolismo. "Discordava das atitudes particulares do atleta Sócrates, mas jamais poderia contestar a capacidade futebolística dele. Se ele conseguiu ser um craque excepcional, mesmo abusando tanto do álcool, imagine se levasse uma vida de atleta..."

Esse mesmo raciocínio Leão faz em relação a Casagrande. "Numa ocasião, há muito tempo, eu falei uma coisa que o Casa interpretou de forma negativa. Eu disse que ele precisava de ajuda para ser reconduzido à sociedade, e ele me chamou de Judas. Eu era tido como arrogante, metido, filho da puta. Mas não era nada disso. Só envelheci primeiro e tentava projetar o futuro. Cada um tem seu carma para pagar, mas o Casa não merecia ter sofrido tanto. Embora não concordasse com suas ideias, sempre o vi como uma pessoa boa."

Para Leão, o tempo e os percalços levaram Casão a amadurecer. Ele só lamenta que isso tenha acontecido depois de terminada a carreira de atleta profissional. "Se ele atuasse hoje, ainda seria um dos melhores jogadores do país e voltaria a jogar no exterior, como ocorreu no passado. A diferença é que teria uma longevidade maior. Atualmente, ele é outra pessoa", constata.

De qualquer forma, o atacante conseguiu êxito durante os sete anos em que atuou na Europa. E seus principais obstáculos não foram em consequência das drogas ou de ideais políticos, mas sim de lesões, sobretudo nos joelhos, responsáveis pelo fim da carreira depois de um breve retorno ao futebol brasileiro.

CAPÍTULO DEZESSEIS

Aventura na Europa

Embora a trajetória de Casagrande na Europa tenha sido um sucesso e a transferência fosse algo natural para um jogador de seu nível, ainda mais depois de ter disputado a Copa de 1986, a saída do Corinthians foi praticamente forçada. Àquela altura, ele se sentia um peixe fora d'água no parque São Jorge. O sonho da Democracia Corintiana extinguira-se com a derrota da candidatura de Adilson Monteiro Alves a presidente e a volta ao poder de cartolas representantes da velha — e predominante, para não dizer monolítica — mentalidade no futebol. Sócrates já havia ido embora em 1984, seguido por Wladimir, Zenon e Juninho, jogadores com os quais Casão se identificava. "Daquele time bicampeão paulista, ficou só o Biro-Biro, que não se alinhava com o nosso movimento. E o Roberto Pasqua, antigo presidente do Conselho Deliberativo, assumiu a presidência do clube, exatamente o cara que havia feito abaixo-assinado para eu sair do Corinthians em 1984, quando fui emprestado ao São Paulo por seis meses, depois de um desentendimento com o técnico Jorge Vieira."

Dessa forma, o ambiente não ficou nada favorável. A cada momento, sinalizavam que ele deveria baixar a crista, que os tempos eram outros e só lhe restava rezar pela cartilha conservadora e jogar bola de boca fechada. Assim, andava cada vez mais triste. Ao mesmo tempo, seu contrato estava para terminar, e a diretoria ansiava pelo dinheiro que viria com uma transferência para o exterior. Antes do

Mundial disputado no México, o centroavante chegara a recusar um pré-contrato com a Internazionale de Milão. "Apesar de ter ficado a fim de ir para a Inter, naquele momento eu já estava pensando na Copa, tinha contrato em vigência com o Corinthians e disputava o Campeonato Paulista. Não queria desviar o foco... para mim, não fazia sentido."

Porém, depois do Mundial, ciente dessas circunstâncias adversas no Corinthians, o agente Juan Figer mostrou interesse em adquirir seu passe para, em seguida, negociá-lo com algum clube europeu. "Não era a saída que eu imaginava. Nasci no Corinthians e, na minha cabeça, se fosse embora, tinha de ser numa boa, tranquilo, sem desgaste. Mas havia um repórter de um jornal esportivo muito próximo dessa turma no poder. Então, combinaram queimar minha imagem com a torcida para ficar mais fácil me vender. Eu fazia uma boa partida, ele dizia que eu tinha jogado mal... Tudo para criar situação de crise."

A gota d'água foi na derrota para o Atlético-MG por 2 a 1, no Pacaembu, em que Casão desperdiçou um pênalti no fim do primeiro tempo. Na saída para o intervalo, a torcida já chiara contra ele. "O técnico era o Jorge Vieira e, em vez de me substituir no vestiário, se a intenção realmente fosse essa, ele deixou para me tirar com cinco minutos do segundo tempo, só para eu sair vaiado de campo. Uma sacanagem inadmissível."

No dia seguinte, Casagrande comunicou ao treinador que não jogaria mais pelo Corinthians. Ficou apenas treinando, à espera de uma transferência. O preparador físico Gilberto Tim ainda tentou dissuadi-lo, argumentando que a tempestade passaria logo e estimulando-o a entrar em campo. Não houve jeito. "Aquele seria mesmo meu último jogo. O Juan Figer comprou meu passe e me emprestou para o Porto."

Com os 15% a que tinha direito sobre o valor total da negociação, Casagrande adquiriu dois apartamentos na Pompeia, um deles para seus pais. E se preparou para mergulhar num futuro desconhecido. "Fui para o Porto sem saber o que ia rolar, quase não chegava informação no Brasil sobre os clubes de Portugal. Mas tinha muita confiança em mim mesmo para triunfar na Europa." Ele soube que seu destino seria o Porto apenas a dois dias da viagem. Quando Figer lhe disse que o clube português classificara-se para a Copa dos Campeões, principal campeonato europeu, o atacante topou a aventura.

Os dois viajaram juntos e assistiram à final da Supercopa de Portugal, entre Porto e Benfica, no estádio das Antas. A torcida o recepcionou com festa, e os dirigentes propuseram que ele vestisse a camisa e entrasse em campo para ser ovacionado. Ele não quis. "As arquibancadas estavam lotadas, e eu ainda me sentia meio tímido ali", explica. "Nesse dia, percebi o quanto o time era forte. Contava com catorze jogadores de Seleção: a equipe de Portugal em peso, o goleiro polonês Józef Mlynarczyk, o argelino Madjer e eu." Também havia três brasileiros no elenco: Celso Gavião (ex-zagueiro do Vasco), Elói (ex-meia de Santos, Vasco e Portuguesa) e Juary (ex-atacante do Santos). Os compatriotas lhe dariam suporte na adaptação.

Casão passou o Ano-Novo em Portugal sem a família. Para amenizar sua solidão, Celso e Elói foram encontrá-lo no hotel, onde permaneceram até dez minutos antes da meia-noite. Com a mesma preocupação, Juary sempre o convidava para churrascos na casa dele. O apoio dos brasileiros era mesmo preciso. Afinal, entre os atletas portugueses, fez uma única amizade: Paulo Futre, principal jogador do país na época e seu amigo até hoje.

Os demais companheiros de time o tratavam friamente. Mais do que isso, o boicotavam, por puro ciúme. "Ficava isolado nos treinos e era difícil receber a bola. Com o tempo, isso foi melhorando..." O bom desempenho da equipe na Copa dos Campeões e as viagens para cenários diferentes de tudo o que já havia visto também o animavam. Depois de ter enfrentado o Brondby, da Dinamarca, no Porto, com vitória por 1 a 0 (gol de Madjer), pelas quartas de final, embarcou com a delegação para o jogo de volta cheio de expectativa. "Foi sensacional essa experiência. Chegamos a Copenhagen com um frio tremendo, naquele inverno rigoroso, e fomos passear. Encontramos o cais totalmente congelado. Um dinamarquês, num barco, falou para a gente: 'Pode até pular aí, que o gelo não quebra'. Então andamos em cima do mar, enquanto avistávamos icebergs no horizonte. Muito louco! Algo que nunca havia imaginado."

O que Casagrande também não imaginava era que ele próprio iria se quebrar num campo coberto pela neve. No empate em 1 a 1 com o Brondby, em uma jogada logo aos quinze minutos, fraturou a fíbula e rompeu os ligamentos do tornozelo esquerdo. Não poderia mais atuar naquela Copa dos Campeões, conquistada pelo seu clube. "Fizeram tudo para que eu me recuperasse até a final. O treinador queria me escalar na decisão, e eu fiz um teste na terça-feira à noite, véspera do jogo. Mas só conseguia correr em linha reta, não fazia curva de jeito nenhum. Aí acabei ficando no banco."

Depois da conquista da Copa dos Campeões, com o time em férias, sua família veio visitar o Brasil, mas Casão ainda permaneceu algum tempo sozinho na cidade do Porto. Aproveitou para desbravar os "buracos" da noite e saciar uma antiga curiosidade: experimentou fumar e tomar heroína na veia. "O movimento dark estava muito forte e, na música, faziam sucesso The Cure, David Bowie, Simple Minds... Havia muitos *pubs* nessa linha. Comecei a passear pela cidade e encontrei uns barzinhos escuros, cubículos que pareciam cenário do filme *Cristiane F.*, aqueles lugares a que ela ia. Assim, acabei conhecendo umas pessoas e provando heroína."

Esse episódio pode ser considerado uma exceção, um fato isolado durante o período em que Casagrande jogou na Europa. Determinado a obter êxito profissional no exterior, ele conseguiu se disciplinar e se manter distante das drogas para preservar a condição física. Ou, pelo menos, longe das chamadas drogas sociais. Porque ele constatou que, diferentemente do que ocorria no Brasil, o uso de doping estava disseminado pelo futebol europeu. Lá, pela primeira vez na carreira, e a contragosto, se dopou para melhorar o rendimento.

Esse assunto é delicado. Apesar de ser fato, nenhum clube quer assumir esse passado obscuro, com receio de macular a imagem, empanar o brilho de conquistas ou, até mesmo, num limite extremo, correr o risco de ter títulos cassados pela Fifa ou por tribunais desportivos. Na década de 1980, o goleiro alemão Harald Schumacher, vice-campeão nas Copas de 1982 e 1986, resolveu revelar a verdade e o mundo caiu em sua cabeça. Ao publicar a autobiografia *Anpfiff*, confessou ter feito uso de doping em várias partidas, pois a prática era corriqueira no futebol alemão. Vários clubes e ex-colegas voltaram-se contra ele, porém o lateral e meia Paul Breitner lhe deu razão e confirmou a denúncia.

Existe um pacto tácito pelo silêncio. O recente caso de Lance Armstrong, lenda do ciclismo mundial, mostra bem a desfaçatez que impera nesse campo minado. Sabia-se já havia algum tempo que o heptacampeão da Volta da França fazia uso de substâncias proibidas, o que ele negava veementemente, com indignação capaz de comover até inimigos. Jurava inocência e ameaçava processar quem lhe imputasse tal desonra. Por ter voltado a vencer a prova mais importante do ciclismo internacional depois de se recuperar de um câncer nos testículos, posou como herói até ser desmascarado. Somente quando surgiram provas materiais, incontestáveis, ele meteu a bicicleta no saco e se retirou de cena.

Apesar dessa cortina de fumaça, Casagrande não pode se furtar a assumir uma passagem relevante em sua carreira. A intenção não é denunciar ninguém, nem difamar qualquer clube — até porque já se passou muito tempo, e a vida segue em frente. Depois de ter admitido tantos pecados publicamente, não faria sentido esconder a própria experiência com doping. Por precaução, para evitar qualquer viés acusatório, vamos omitir nomes e lugares. Afinal, o que importa são os fatos. Em todos os anos que atuou na Europa, Casagrande foi dopado para jogar quatro vezes. Nunca quis, foi sempre contra, mas aconteceu.

"Em geral, injetavam Pervitin no músculo. De imediato, a pulsação ficava acelerada, o corpo superquente, com alongamento máximo dos músculos. Podia-se levantar totalmente a perna, a gente virava bailarina... Isso realmente melhorava o desempenho, o jogador não desistia em nenhuma bola. Cansaço? Esquece... se fosse preciso, dava para jogar três partidas seguidas."

Esse procedimento acontecia abertamente no vestiário, sem a menor preocupação de escondê-lo de qualquer integrante da agremiação. "Era uma coisa oficial: do treinador ao presidente do clube, todo mundo sabia." Só havia o cuidado de acompanhar o atleta até a eliminação da droga pelo organismo, tanto para prestar socorro, caso alguém se sentisse mal ou tivesse algum efeito colateral, quanto para liquidar as provas, embora exames antidoping fossem raros naqueles tempos. "O clube não deixava a gente ir pra casa depois do jogo. Ficávamos concentrados e dormíamos no hotel. No dia seguinte, fazíamos sauna de manhã e dávamos uma corridinha ao redor do campo. Só depois disso nos dispensavam."

O uso da substância não era exatamente opcional. Embora não houvesse um aviso formal de obrigatoriedade, isso estava implícito, e quase todo mundo seguia o script. "Estava sempre à nossa disposição, mas, nos jogos importantes, parecia obrigatório. Tomar ou não tomar poderia definir a escalação, pelo menos essa era a sensação geral." Ele não se deparou com essa prática em outros clubes europeus nos quais jogou, é bom ressaltar, porém sabia ser algo comum pelas conversas com jogadores que atuavam em outros times. Além disso, chegou a constatar a troca de informações entre departamentos médicos de clubes de países diferentes, quando descobriram um estimulante mais avançado, que seria mais difícil de detectar num eventual exame antidoping.

A despeito de ter passado por essa experiência poucas vezes, o assunto traz desconforto a Casagrande até hoje. O uso de doping é totalmente contra seus princípios, por ferir a lisura esportiva. "Além de ser moralmente condenável, aquilo não me trouxe qualquer benefício, muito pelo contrário. Em um daqueles jogos, eu me machuquei e permaneci no campo por mais algum tempo, porque a droga mascarava a dor. Poderia ter agravado seriamente a lesão. Eu era jovem, não necessitava de aditivos para render bem fisicamente e ainda me expus a riscos desnecessários."

Mas, deixando de lado as substâncias "oficiais", e voltando à heroína, Casagrande simplesmente saciou, na cidade do Porto, a curiosidade de provar a droga que havia levado à morte vários de seus ídolos, como Janis Joplin e Jim Morrison. Depois voltou a andar na linha outra vez. Tinha consciência de que a substância, fortíssima, causava dependência em pouco tempo. Quando se transferiu para a Itália, ficou seis anos completamente limpo.

O seu contrato com o Porto terminaria em julho de 1987, e o clube manifestou desejo de renová-lo. O apelo era grande: o time iria disputar o Mundial Interclubes no Japão, contra o Peñarol (Uruguai), e a Supercopa Europeia, diante do Ajax (Holanda), campeão da Recopa. Porém, àquela altura, ele já praticamente selara a transferência para a Itália, dona do campeonato mais badalado do mundo. "Portugal só tinha quatro times competitivos: além do próprio Porto, havia Benfica, Sporting e Vitória de Guimarães. E a minha meta sempre foi jogar o Italiano."

Quando quebrou a perna, ainda nas quartas de final da Copa dos Campeões, ele já estava com duas transferências engatilhadas: ou iria para o Torino, da Itália, ou para o Racing, de Paris. Até os valores já haviam sido acertados, e dirigentes de ambos os clubes encontravam-se em Copenhagen, dispostos a fechar o contrato naquele dia fatídico. Porém com a grave lesão sofrida, o panorama mudou. O austríaco Toni Polster, que estava acertado com o Ascoli, acabou indo no lugar de Casão para o Torino. E o atacante brasileiro foi para o Ascoli, onde a vaga ficara em aberto.

No segundo semestre de 1987, portanto, Casagrande se apresentou ao Ascoli, time de uma pequena província com 30 mil habitantes, quase a 150 quilômetros de Roma. O seu agente planejava deixá-lo lá por apenas um ano, quando deveria ir para o Torino ou a Fiorentina. Mas uma série de circunstâncias o levou a ficar mais tempo e a fazer história na modesta agremiação. "A população me recebeu como rei, e eu retribuí jogando pra caralho nesse primeiro ano. Fui o segundo melhor atacante do Campeonato Italiano, de acordo com a imprensa, atrás somente do Vialli, da Sampdoria."

Valorizado, Casão veio passar férias no Brasil e, assim que retornou para a pré-temporada com o Ascoli, recebeu ligação do volante Dunga, então na Fiorentina. O colega brasileiro lhe falou sobre o interesse de seu time em contratá-lo e o colocou em contato com o técnico Sven-Göran Erickson. "O Dunga passou o recado dos dirigentes da Fiorentina: eles queriam que eu deixasse minha equipe lá nas montanhas e voltasse pra casa, forçando a barra para provocar a transferência. Mas o Ascoli contava comigo, contratou jogadores que combinavam com meu estilo de jogo, e eu não podia comprometer todo o planejamento. Então, resolvi permanecer lá por mais uma temporada."

Não quis o destino, no entanto, que ele fosse recompensado por essa fidelidade. Ainda durante a pré-temporada, estourou o ligamento cruzado do joelho esquerdo e precisou ser operado. Ficou seis meses parado. Enquanto isso, o time caía pelas tabelas, seriamente ameaçado de rebaixamento. Casão se recuperou a tempo de disputar as oito últimas partidas, com uma missão inglória: o Ascoli somava cinco pontos a menos do que o primeiro clube fora da zona de descenso e, naquela época, cada vitória valia apenas dois pontos. Muitos torcedores já haviam perdido a esperança.

O retorno de Casagrande aconteceu no empate com a Roma, na capital italiana, por 1 a 1. No jogo seguinte, contra o Bologna, em Ascoli, ele fez o gol da vitória por 1 a 0. Repetiu a dose no triunfo sobre o Verona, no campo adversário, pelo mesmo placar. Na sequência, em casa, sua equipe bateu o Atalanta por 3 a 1, com mais um gol dele. Mesmo os fãs mais pessimistas renovaram a fé.

O compromisso seguinte seria em Turim, contra o Torino. Porém, depois de seis horas de viagem, o joelho operado inchou novamente e o artilheiro não pôde atuar no empate em 1 a 1. Ele reapareceu na rodada posterior, em Ascoli, e ajudou a equipe a bater o badalado

Napoli, de Maradona e Careca, pelo placar de 2 a 0 — embora não tenha balançado a rede, atuou o jogo todo. Aí o time sofreu uma goleada em Milão, por 5 a 1, frente ao Milan, e Casagrande pelo menos marcou o gol de honra. A redenção veio na última rodada, no empate sem gols com a Lazio, em casa, resultado que salvou o Ascoli da queda para a Segunda Divisão. O milagre se consumara. "Até ganhei o apelido de Jesus, pois estava barbudo e cabeludo. Mas deixei os pelos crescerem para ficar com cara de mau e provocar mais medo nos zagueiros."

Se essa temporada foi dura, a posterior é para ser esquecida. Casagrande enfrentou problemas durante o ano todo, com dores e inchaço no joelho. "Ainda peguei hepatite química por causa dos remédios que tomava." Com seu principal jogador meia-boca, não houve o milagre da multiplicação dos pontos. O Ascoli acabou rebaixado. "O meu contrato terminou e fiquei constrangido de sair com o clube na Série B. Continuei, então, por mais um ano. Como eu já atingira o teto salarial e não tinham grana para me pagar mais, fizemos um acordo em anexo, fixando bônus por metas atingidas ao final do campeonato."

Dessa forma, os vencimentos fixos continuavam em 600 mil liras. Mas se a equipe subisse de divisão, além do prêmio a ser dividido por todos os atletas, Casão receberia mais 50 mil liras. Se disputasse mais de trinta jogos, embolsaria outras 50 mil liras. Caso superasse a marca de onze gols, mais 50 mil liras. E, no fim da temporada, se fosse negociado, o clube lhe daria 50 mil liras adicionais.

Pois o Jesus Cristo do Ascoli ressuscitou. Do total de 34 jogos, ele atuou em 33; fez 22 gols; o clube subiu para a Primeira Divisão; e Casagrande se transferiu para o Torino. Ou seja, ganhou todos os bônus, saiu como ídolo (até hoje é reverenciado na pequena cidade) e foi jogar em um time tradicional da Itália.

Em Turim, o ídolo marcou seu nome definitivamente na Europa, com desempenho em alto nível. "Lá é outra história; estava numa cidade grande, sobretudo comparada a Ascoli, e havia a rivalidade com a Juventus. Nós jogamos a Copa Uefa, eu fui superbem o ano todo, e nós ganhamos da Juventus por 2 a 0 no Campeonato Italiano, com dois gols meus", orgulha-se. "Fazia seis anos que nenhum jogador marcava dois gols nesse clássico. O último tinha sido o Platini, pela Juventus."

Com a camisa do Torino, Casagrande foi vice-campeão da Copa Uefa e artilheiro da equipe, com seis gols, destacando-se em jogos contra adversários de peso. "Marquei contra o Real Madrid e fiz dois gols na final contra o Ajax." Na decisão, houve dois empates: 2 a 2, em Turim, quando ele balançou duplamente as redes, e 0 a 0 na Holanda.

Além do êxito dentro de campo, o período no Torino ficou marcado pelo excelente ambiente entre os jogadores. "Era muito divertido. Havia três estrangeiros: além de mim, estavam o Scifo, um belga excêntrico, e o Martín Vásquez, um espanhol caladão e cismado. Rolavam muitas brincadeiras, pois os italianos também se entrosavam conosco. Desse time eu tenho saudade; mantenho contato com muitos deles até hoje pelo Facebook."

Acolhido pelo grupo, Casagrande passou a cultivar as tradições do clube e a viver intensamente as emoções junto com os torcedores. "O Torino tem uma história bonita com aquele episódio do avião que caiu em 1949, quando morreu a equipe inteira." A delegação regressava de uma viagem, e o acidente aconteceu no morro de Superga, bem próximo ao aeroporto. Em meio a um espesso nevoeiro, a aeronave bateu numa torre da basílica de Superga, com trinta pessoas a bordo, incluindo dezoito jogadores. O time vencera quatro Campeonatos Italianos consecutivos e caminhava para ganhar o quinto. Nas quatro rodadas restantes, se fez representar por atletas juvenis, gesto imitado por diversos rivais, num gesto de solidariedade. Assim, o Torino levantaria o pentacampeonato, mas, profundamente abalado, entraria numa longa fase de declínio. Só voltaria a ser campeão em 1976.

Além da natural dramaticidade, o caso provocou ainda maior comoção no Brasil, porque o poderoso esquadrão italiano excursionara pelo país no ano anterior. Considerado o melhor time do mundo naquela ocasião, perdera para o Corinthians por 2 a 1, no Pacaembu, e houve confraternização entre as equipes depois do jogo. Por conta dessa proximidade, quatro dias depois da tragédia, o Corinthians entrou em campo com uma camisa grená, cor do Torino, numa partida contra a Portuguesa, vencida por 2 a 0. Em 2011, o clube do parque São Jorge lançou seu terceiro uniforme na cor grená, em nova homenagem. Todo esse pano de fundo fortaleceu a ligação de Casão com a equipe de Turim. "Íamos à missa que fazem todos os anos lá, na basílica de Superga, em lembrança aos jogadores mortos. Uma coisa de arrepiar."

As recordações de Casagrande também se referem ao convívio familiar, muito bom naqueles dias, com o nascimento de Leonardo em San Benedetto del Tronto, cidade litorânea próxima a Ascoli, e o crescimento de Victor, o mais velho, em Turim. "O Victor começou a ir à escolinha e, com quatro anos, já falava italiano. O engraçado era que eu e a Mônica nos comunicávamos em português dentro de casa, mas o Victor, molequinho de tudo, vinha falar com a gente em italiano. Uma figurinha...", comenta, com ternura. "Muitos fatos importantes da minha família aconteceram na Itália. Além do nascimento do Leonardo, houve aquelas coisas marcantes na vida de todo pai: eles começaram a andar, a falar, tudo rolava lá pela primeira vez. O meu casamento passava por uma fase bacana, e eu nem usava drogas", relembra.

Mas a volta ao Brasil, em 1993, lhe reservaria uma grande emoção. Ele teve oportunidade de jogar pelo Flamengo, uma camisa que sempre desejou vestir, e ainda viveria uma tarde inesquecível no dia 3 de outubro, no Pacaembu, na derrota por 1 a 0 para o Corinthians. A Fiel lhe daria uma prova de amor que poucos craques do mundo tiveram a honra de receber de uma torcida adversária. Mesmo jogando contra o time que o revelou, a galera alvinegra passou a homenageá-lo com dois coros gritados pelos espectadores de todos os setores do estádio: "Doutor, eu não me engano, o Casagrande é corintiano!" e "Volta Casão, seu lugar é no Timão!". Uma das raras ocasiões em que não conseguiu segurar as lágrimas.

O jornalista Juca Kfouri foi testemunha privilegiada desse momento histórico. Ao perceber que Casagrande seria substituído, pois ficava até difícil jogar tão tocado emocionalmente, ele deixou a cabine de imprensa e correu para a entrada do vestiário. "Quando o Casão saiu, esqueci do jogo. Pensei: vou encontrá-lo antes de todo mundo. Nem sei como consegui chegar ao vestiário antes dele", lembra-se Juca. A imagem de Casagrande já sem camisa, perplexo e desorientado com o uniforme do Flamengo na mão, ficou gravada nas retinas.

"Porra, Juca, o que é isso?", indagou, ainda incrédulo com o que acabara de ver no campo. "Pô, os caras te amam", tentou explicar o jornalista. Desacorçoado, Casão rebateu: "Não pode ser, não pode... Eu tinha de fazer gol neles, eu sou do Flamengo!". Juca insistiu: "Os caras te amam...". Casão então lhe deu um abraço e permaneceu assim, como que buscando conforto, por uns dois minutos. "Ele só repetia: nunca vi isso, nunca vi isso, nunca vi isso..." Juca lhe deu um beijo na testa, e o adversário mais amado do Brasil finalmente entrou no vestiário.

Desnecessário dizer que Casão voltaria ao Corinthians na temporada seguinte. Com o joelho baleado, não exibia a mesma eficiência do passado, com altos e baixos, mas a Fiel adorava vê-lo vestido com a sua segunda pele. E o retorno serviu para reparar a saída traumática em 1986.

Até hoje Casagrande e Juca trocam torpedos em tom camarada, sobretudo em dias de jogos do Corinthians. Assumidamente corintiano, o jornalista diverte-se ao ver como a conquista inédita da Libertadores mexeu com Casagrande, que precisou se esforçar para manter o equilíbrio quando comentou ao vivo as partidas decisivas pela TV Globo.

Porém, ao longo de tantos anos de convívio, a relação entre os dois teve suas crises. Em certa ocasião, numa fase particularmente difícil no parque São Jorge, depois de Sócrates ter se transferido para a

Fiorentina, Casão resolveu cobrar o amigo pelas críticas que vinham sendo feitas. Juca trabalhava como comentarista no SBT e, ao final das partidas, descia ao vestiário para entrevistar os técnicos. Ao vê-lo ali, o atacante o abordou: "Você tem falado muito mal da gente! Quando o Magrão estava aqui, você não falava", questionou. "O que é isso, Casão? Você tá louco? Eu tô falando mal de vocês porque estão jogando uma merda, e quando o Magro estava, jogavam muito bem. É só isso!", retrucou o cronista esportivo.

Tempos depois, houve novo choque, este já na Seleção. O jornalista chegou a Santiago do Chile para cobrir um amistoso do Brasil e encontrou os jogadores em greve com a imprensa. Eles haviam acabado de fazer o chamado Manifesto de Santiago, em protesto contra as críticas ao time dirigido por Evaristo de Macedo. Casão levou outra enquadrada: "Que mancada, hein? Vocês estão repetindo o Manifesto de Glasgow, coisa mais reacionária...", repreendeu-o Juca, referindo-se à atitude idêntica tomada por integrantes da Seleção em 1973, então descontentes com as análises negativas de jornalistas durante uma excursão à Europa.

O período na Seleção, aliás, foi bastante conflituoso para Casagrande, sobretudo depois de Telê Santana assumir o comando da equipe. Embora tenha se destacado nas Eliminatórias Sul-Americanas, com papel crucial para a classificação do Brasil para o Mundial de 1986, ele entrou em choque com o treinador, caiu de produção pouco antes do início da competição no México e acabou no banco de reservas ainda na primeira fase da Copa. Uma experiência importante para seu currículo, mas que não deixou muita saudade.

CAPÍTULO DEZESSETE

Às turras com Telê

TOPPER
CBF
BRASIL

A primeira convocação de Casagrande para a Seleção ocorreu em janeiro de 1983, por voto popular. Para um amistoso festivo, do Brasil contra a seleção gaúcha, houve uma enquete, e os torcedores escolheram os jogadores. O atacante corintiano havia sido artilheiro do Campeonato Paulista de 1982 e seu nome andava na boca do povo — nos dois sentidos, pois em dezembro sofrera a prisão por porte de cocaína. Na época, também era cotado para defender a equipe canarinho oficial, mas o episódio da droga queimara seu filme, apesar de ele sustentar que ela fora plantada pela polícia.

Dessa forma, permaneceu longo tempo na geladeira. Casagrande considera a breve passagem pelo São Paulo, em 1984, por empréstimo, o fator primordial para a quebra de resistência: Evaristo de Macedo finalmente o relacionou em 1985. "O fato de eu ter atuado tão bem no São Paulo, tanto quanto no Corinthians, me credenciou para a Seleção. Eu era jovem e mostrei desenvoltura com duas camisas de peso. Joguei como meio-campista no São Paulo porque o Careca era o centroavante e, assim, abri novas perspectivas. Tanto que fui convocado inicialmente para o meio de campo, posição em que também passei a atuar no Corinthians, quando voltei para lá, porque na ocasião o time já tinha o Serginho Chulapa como centroavante."

O primeiro sinal de que seria convocado partiu do juiz José Roberto Wright, que futuramente seria seu colega na TV Globo, como comentarista de arbitragem. Numa goleada do Corinthians sobre o

Goiás, por 4 a 0, em Goiânia, com dois gols de Casão (um deles, golaço), Wright aproximou-se dele e comentou: "Você está bem, hein, garoto? Ouvi dizer que vai para a Seleção brasileira!". Ele ficou animado, mas ainda não dava para receber a informação como favas contadas. Somente um mês depois, na concentração para o jogo de volta contra o Goiás, no Pacaembu, o sonho se tornou mais concreto. "Carlos Alberto Torres, então técnico do Corinthians, mandou me chamar no quarto dele para me avisar que eu seria convocado à noite. Pensei: se o capitão do tri está falando, então vou ser chamado mesmo." Ele se entusiasmou e, horas mais tarde, marcou um dos gols na vitória alvinegra por 2 a 1.

A essa altura, a notícia de sua iminente convocação já havia vazado para a imprensa. Assim, o repórter Luiz Ceará, então na TV Globo, foi para o apartamento de Casagrande, na Pompeia, para acompanhar de lá o anúncio da lista de Evaristo de Macedo. A comemoração dele e de sua família passaria ao vivo no *Fantástico*.

Como se esperava, Casagrande foi chamado para o meio de campo. Os atacantes eram Reinaldo e Careca. A sua estreia aconteceu num amistoso contra a Colômbia, no Mineirão: vitória por 2 a 1, com um gol dele e outro de Alemão.

Além de Casão, ganharam oportunidade outros jogadores jovens, como Bebeto, Branco, Geovani e Luís Carlos Winck. A ideia era mesclá-los com um grupo de atletas mais experientes, formado por Oscar, Reinaldo, Mário Sérgio, Éder e companhia. Mas a receita desandou.

O time de Evaristo não jogava bem e recebia críticas de todos os lados, até quando ganhava, mas sem apresentar futebol consistente. Depois da vitória sobre a Colômbia, perdeu do Peru por 1 a 0, no estádio Mané Garrincha, em Brasília, e o clima começou a ficar tenso. Vieram as vitórias sobre o Uruguai, por 2 a 0, no estádio do Arruda, em Recife, e contra a Argentina, por 2 a 1, na Fonte Nova, em Salvador — com briga em ambas entre jogadores brasileiros e adversários. Em seguida, houve o confronto com a Colômbia no estádio El Campin, em Bogotá, rival para o qual o Brasil jamais havia perdido. A péssima apresentação e a inédita derrota por 1 a 0, com a torcida colombiana gritando "olé", deterioraram de vez o ambiente.

A delegação viajou para enfrentar o Chile em Santiago, onde Casão caiu de cama com febre. Ele pegara erisipela em decorrência de um machucado na perna, contaminado por bactéria ainda na Colômbia. Por causa disso, em vez de ir ao treino, permaneceu no quarto do hotel, vendo TV. Assim, pôde assistir a um programa esportivo chileno, no qual o jornalista carioca Oldemário Touguinhó criticava duramente a Seleção brasileira. "O Touguinhó dizia que aquela Seleção era uma porcaria, só se salvavam o Bebeto e o Branco, não por acaso dois jogadores do Rio. Aquilo me deixou puto."

Casagrande não sabia o que se passava naquele primeiro treino em Santiago, mas, ao final do dia, Mário Sérgio, Reinaldo e Oscar bateram à sua porta. "Eles falaram que precisávamos tomar uma providência, pois a imprensa pegava demais no nosso pé. Também estavam irritados com uma matéria, publicada no Brasil, com insinuações sobre aventuras sexuais dos jogadores nas viagens. As mulheres dos caras casados começaram a ligar para cobrá-los." No calor daquele momento, Casão aproveitou para lhes contar sobre a entrevista de Touguinhó que vira na TV chilena, livrando a cara apenas de atletas cariocas, e botou mais lenha na fogueira. A revolta resultou numa reunião de todo o grupo, na qual se decidiu um boicote à imprensa, o chamado Manifesto de Santiago, ao qual Juca Kfouri se refere no capítulo anterior.

Apesar de sua história em defesa da liberdade de expressão, Casagrande embarcou nessa barca furada no Chile, em plena ditadura Pinochet, com censura dos meios de comunicação e toque de recolher nas ruas. Ele chegou a ficar em conflito quando foi procurado pelo repórter Roberto Cabrini, então da TV Globo. Apesar da greve de silêncio, o jornalista lhe propunha um encontro com Caszely, polêmico jogador chileno que se opunha a Pinochet. "O Cabrini falou que era uma reportagem importante, que tínhamos de fazer ainda que fosse escondido, mas entrei num dilema. Até deu vontade de participar, mas não podia quebrar minha palavra com o grupo."

Em campo, a Seleção perdeu para o Chile por 2 a 1 — o gol de honra foi de Casagrande —, os jogadores ficaram ainda mais fragilizados e voltaram a conceder entrevistas depois do jogo. No retorno ao Brasil, Evaristo de Macedo acabou demitido dentro do avião. Telê Santana, derrotado em 1982, teria nova chance.

O relacionamento entre Casão e o novo técnico sempre foi tenso e conturbado. "O Telê gostava de tudo certinho e não admitia contestação. Só que o ataque da Seleção era eu, o Renato Gaúcho e o Éder, três caras de personalidade forte. A gente brigava com ele em todos os treinos. Já o Zico, o Sócrates, o Cerezo e o Falcão podiam fazer qualquer merda, errar passe, o caralho, e ele não falava nada. Isso nos irritava ainda mais e nos indispunha contra seu comando."

De fato, essa diferença de tratamento era uma característica do velho mestre. Quando dirigiu o São Paulo, nos anos 1990, dificilmente chamava a atenção de jogadores de sua confiança, como Raí e Toninho Cerezo. Já aqueles com quem não tinha grande afinidade, como Macedo, Elivélton, Catê e até Cafu no início de carreira, entre tantos outros, levavam broncas homéricas na frente de todo mundo. Algo que Casagrande sempre abominou.

Entre a queda de Evaristo e o início das eliminatórias para a Copa do Mundo, restara um período de apenas doze dias. Em 2 de junho de 1985, já sob o comando de Telê, o Brasil estreou com vitória sobre a Bolívia por 2 a 0, no estádio Ramón Tahuichi, em Santa Cruz de la Sierra, gols de Casagrande e Noro (contra). Uma semana depois houve um amistoso contra o Chile, vencido pela equipe canarinho por 3 a 1, no Beira-Rio, em Porto Alegre, mas Casão não jogou essa partida. Ele entraria em ação novamente no triunfo contra o Paraguai por 2 a 0, pelas eliminatórias, no Defensores del Chaco, em Assunção. Os gols foram dele e de Zico, num confronto marcado por lances ríspidos. "Os caras bateram pra caralho. O Zico apanhou demais, eu levei socos pelas costas, o Renato era parado com violência... Nós, os atacantes, juramos que iríamos dar o troco no jogo de volta, em nossa casa", revela Casão.

E assim foi feito sete dias mais tarde, no empate por 1 a 1, no Maracanã, gols de Sócrates e Romerito. Casagrande e Éder se excederam em algumas disputas mais duras com os paraguaios e acabaram advertidos com cartão amarelo. "Nós não ficamos pensando só nisso... jogamos o jogo, é claro. Mas era assim: numa bola dividida que estava mais para mim do que para o adversário, por exemplo, diminuía um pouco a velocidade para esperar o cara chegar e pegá-lo. O Telê não sabia desse nosso pacto, mas percebia algo esquisito e ficava gritando na beira do campo: 'Pô, vamos jogar bola!'. Acho até que a bronca dele conosco aumentou depois disso."

É fato que a relação com o treinador, defensor intransigente do jogo limpo, se deteriorou ainda mais por causa desse episódio. Na sequência, graças a um gol de Careca, o Brasil empatou com a Bolívia em 1 a 1 no Morumbi, no último compromisso pelas eliminatórias. Suspenso pelo cartão amarelo recebido no jogo anterior, Casão não pôde atuar em São Paulo. A partir daí, iniciou-se uma série de amistosos preparatórios para a Copa do Mundo, e as coisas não iam nada bem. O Brasil perdeu para a Alemanha Ocidental por 2 a 0, em Frankfurt, e para a Hungria por 3 a 0, em Budapeste.

Em seguida, a Seleção se redimiu com uma goleada sobre o Peru por 4 a 0, em São Luís, com gols de Casagrande (dois), Alemão e Careca. Mas nem assim o ambiente melhorou. Nessa partida, Éder acertou uma cotovelada num jogador peruano, recebeu cartão vermelho, deixou Telê furioso e foi o primeiro a ser cortado pelo técnico.

Mais para a frente, outros dois cortes abalariam o país. Os jogadores haviam saído da Toca da Raposa, durante folga concedida em Belo Horizonte (onde a delegação estava hospedada), feito festa, tomado cerveja. Nada anormal em um dia livre. Mas Renato e Leandro voltaram fora do horário estipulado e pularam o muro da concentração. Como Telê gostava pessoalmente de Leandro, depois de muito matutar, decidiu cortar apenas Renato, alegando seu histórico conturbado.

Dias depois, exatamente quando a Seleção embarcaria para o México, já no Rio, o lateral desertou em solidariedade ao amigo. Estava amargurado pela punição ao colega e sentia-se culpado porque ele próprio, embriagado a ponto de não reunir condições de se apresentar na concentração em Minas, levara Renato a permanecer a seu lado. Além disso, queria jogar como zagueiro, posição na qual vinha atuando bem no Flamengo, pois já não ostentava a mesma condição física de quatro anos atrás, durante o Mundial de 1982, na Espanha. Aos prantos, Leandro encheu a cara novamente e não se dirigiu ao aeroporto do Galeão. Zico e Júnior ainda foram a seu apartamento, na tentativa de dissuadi-lo, mas não houve jeito.

Dessa forma, já sem Éder e Renato, daquele ataque das eliminatórias, restou apenas Casagrande. "Fiquei com a impressão de que o Telê só não me cortou porque não tinha como, eu estava muito bem. Numa enquete feita com jornalistas que cobriam a Seleção, na qual eles escalavam seu time ideal, eu, o Zico e o Leandro éramos as únicas unanimidades. Além disso, não dei brecha para sofrer nenhuma punição", analisa.

À medida que se aproximava o Mundial, Casagrande entrava em declínio físico e técnico. "Acho que esse foi o motivo principal para eu sair do time. Se estivesse tão bem quanto em 1985, não haveria como o Telê me colocar na reserva. Apesar de que, durante toda a preparação, era eu quem ele tirava da equipe, sob qualquer pretexto, mesmo eu estando bem pra caramba."

Isso irritava profundamente Casagrande. Durante um coletivo realizado no centro de treinamento do América do México, Casão quase abdicou da Seleção ao ser substituído por Zico no time titular. Chegou a deixar o treino antes do final e se refugiar em seu quarto. "O Telê quis fazer um teste para ver se o joelho do Zico aguentava e me tirou da equipe. Eu me invoquei não por causa do Zico; ao contrário, eu tinha grande admiração pelo Galinho e sairia com o maior prazer para ele jogar. Mas eu estava muito bem naquele coletivo, e o Telê podia ter tirado outro jogador. E o Zico nem jogava na minha posição."

No quarto, Casagrande fervia de tanta raiva, com ímpetos de abandonar o grupo e voltar ao Brasil. O próprio Zico tratou de contornar a crise. O Galinho o procurou e o tranquilizou: "Calma, você é importante pra gente, caramba, fica frio...". Com palavras assim, o craque conseguiu dissuadi-lo. "Já o Telê não me falou nada, era o tipo de técnico que saca o jogador sem lhe dar explicação. Mesmo eu tendo abandonado o treino, ele não tomou nenhuma atitude, porque estava minando meu lado emocional. Acho que ele queria que eu tivesse uma reação", supõe Casão.

A partir daí, o relacionamento entre os dois se tornou mais tenso a cada treino. "Sempre havia conflito, ele pegava direto no meu pé. Um dia, eu reagi: 'Pô, só reclama comigo? Não enche mais o saco, meu!'." Nesse clima hostil, é fácil supor que seu futuro na equipe não seria nada promissor. Telê só voltaria a lhe dirigir a palavra uma única vez. Foi antes do primeiro jogo da Seleção no Mundial, contra a Espanha. "Olha, por ser mais conhecido, você vai sair jogando. O seu papel é cansar o touro, para depois o Muller entrar e matar o touro, tá?", disse-lhe o treinador. "O que eu podia dizer diante disso? O Mauro Galvão, que estava ao meu lado, só comentou comigo: 'Nossa! Que papo é esse?'. Não foi fácil aguentar tudo isso, tinha de contar até dez para não explodir."

Assim, Casagrande iniciou o Mundial como titular, mas no estranho papel de primeiro toureiro. Como Telê antecipara, Muller o substituiu aos 21 minutos do segundo tempo na vitória sobre a Espanha por 1 a 0, gol de Sócrates. No jogo seguinte, no triunfo pelo mesmo placar contra a Argélia, gol de Careca, o roteiro praticamente se repetiu: Casão saiu aos catorze da etapa final para a entrada de Muller. Ou seja, permaneceu em campo um pouco menos do que no jogo anterior.

Então, aconteceu um bafafá que por pouco não teve consequências piores. Num dia de folga, Casagrande e Alemão foram a um show de Alceu Valença no Circo Voador — a trupe de artistas que agitou o cenário cultural nos anos 1980, com a criação da casa de espetáculos no bairro carioca da Lapa, montara uma instalação em Guadalajara, durante o Mundial. E os dois acabaram fotografados por um repórter mexicano sem camisa e bebendo cerveja. "De manhã, o Gilberto Tim (preparador físico) jogou todos os jornais em cima da mesa e olhou para mim. Mas eu não tinha de me justificar, pois estava de folga e não voltei atrasado nem bêbado." Surgiu um princípio de crise, a imprensa conservadora tentou criar fuzuê, mas os jornalistas mais liberais trataram o episódio com naturalidade, assim como Telê entendeu que eles estavam em horário livre de lazer. Ponto final.

O Brasil ganharia o duelo posterior, diante da Irlanda do Norte, pelo placar de 3 a 0, gols de Careca (dois) e Josimar, mas a situação de Casão e Muller se invertera. Dessa vez, o são-paulino saiu jogando e o antigo titular só entrou no decorrer do jogo.

A participação de Casão ia minguando a cada rodada. Nas oitavas de final, o Brasil goleou a Polônia por 4 a 0, com gols de Sócrates, Josimar, Edinho e Careca, sem o aproveitamento do atacante corintiano. O seu lugar — agora não havia mais dúvida — seria no banco dali para a frente.

Feliz ele não poderia estar com aquela situação. Assim, na eliminação do Brasil diante da França, inconformado com a postura passiva do treinador na prorrogação, à medida que o jogo no estádio Jalisco, em Guadalajara, se encaminhava para a disputa de pênaltis, Casão declarou guerra a Telê.

Aquela era uma Seleção envelhecida. Os principais jogadores do time de 1982, que encantara o mundo na Copa da Espanha, encontravam-se lá, mas sem a mesma vitalidade — com exceção de Cerezo, cortado anteriormente por contusão. Sócrates se recuperara pouco antes de uma lesão e tentava reaver a forma física. Zico sofria com dores nos joelhos. Mal, Falcão esquentava o banco. O time seguiu com altos e baixos até o duelo com os franceses nas quartas de final.

Nessa apresentação derradeira, Zico entrou aos 27 minutos do segundo tempo, no lugar de Muller, e logo acertou um lançamento primoroso para Branco, derrubado pelo goleiro Bats dentro da área. Pênalti! Àquela altura, o jogo seguia empatado em 1 a 1, com gols de Careca e Platini no primeiro tempo, e os jogadores brasileiros comemoraram como se fosse a pá de cal sobre o adversário. Porém o próprio Zico desperdiçou a cobrança, talvez porque ainda estivesse frio, fora do ritmo em um confronto decisivo.

Vem a prorrogação, e ambos os times dão sinais evidentes de cansaço. Quando Sócrates, fisicamente esgotado, chegou sem pernas num cruzamento de Careca da direita, furando dentro da pequena área, num lance em que bastaria empurrar para a rede, Casagrande foi à loucura. Por mais que admirasse o Doutor, via necessidade de injetar sangue novo na equipe. A derrota pairava no ar.

Ao avistar o repórter Gilson Ribeiro, então da TV Bandeirantes, Casão não se conteve. Os dois eram amigos e, mesmo à distância, houve um desabafo do jogador. "Gilsão, o Telê tá louco! Eu e o Muller tínhamos de estar em campo! A gente ganhava esse jogo, porra! O Falcão tem de ser o treinador agora!", gritava em alto e bom som. Em pé na beira do campo, mais próximo do banco de reservas do que o jornalista, o técnico não tinha como não escutar tudo isso. Porém, impassível, fingia não ouvir.

O jogo acabou empatado e foi para a decisão por pênaltis. Aí aconteceu o que todo mundo sabe: Bats defendeu a cobrança de Sócrates e o zagueiro Júlio César chutou na trave. O Brasil estava eliminado, e a relação de Casa com Telê, definitivamente arruinada.

Apesar de achar que a teimosia de Telê colaborou para a eliminação do Brasil, ele não se esquiva da autocrítica em relação a todo o processo de preparação. Sobre sua queda de produção pouco antes do Mundial, Casão não aponta culpados, nem mesmo o treinador ou a comissão técnica. "Essa parte não é responsabilidade de ninguém, é minha mesmo. Não sou de dosar as coisas e, motivado para a Copa do Mundo, treinei demais. Tive folga no Carnaval e, em vez de descansar, continuei treinando forte. Então, atingi o ápice antes da hora e entrei em declínio físico durante a Copa."

As recordações de Casão relativas à Seleção trazem muitas passagens incômodas, sobretudo pela rixa com Telê e por não ter rendido todo seu potencial no Mundial do México. Mas pelo menos um episódio o faz descontrair sempre que lhe vem à lembrança: em sua primeira convocação, aquela do time montado pelo povo em janeiro de 1983, ele conheceu uma espécie de alma gêmea na arte de pregar peças e fazer molecagens: o lateral direito Paulo Roberto, então integrante da seleção gaúcha, que se hospedou no mesmo hotel.

Os dois se pareciam fisicamente, pelo porte físico longilíneo e por alguns traços do rosto, e tinham os cabelos compridos encaracolados. Foi exatamente essa semelhança que propiciou a aproximação deles. "Na hora do almoço, o De Léon veio com o Paulo Roberto na minha direção e me apontou: 'Olha, não falei pra você? Vocês são irmãos!!!'. Então brincamos com isso, e eu fui até me sentar com eles na mesa da seleção gaúcha."

Aquele seria o início de uma duradoura parceria, aprofundada quando eles jogaram no São Paulo e no Corinthians. A dupla estreitaria a amizade — incluindo até relação entre as famílias — e daria origem a diversas situações cômicas no futuro, com trotes, pegadinhas e armações de uma irresponsabilidade infantil e saborosa. Uma marca da personalidade de Casagrande que agora encontrava um espelho. Escracho à vista!

CAPÍTULO DEZOITO

Pegadinhas do Casão

A tendência para zombar da vida sempre se manifestou em Casagrande. Ele poderia facilmente ser personagem dos filmes *Meus caros amigos* e *Quinteto irreverente*, do italiano Mario Monicelli, transformando aquela turma impagável num sexteto. As piadas, peças e encenações armadas para se divertir às custas de todos — pessoas íntimas ou desconhecidas, tanto faz — são da mesma natureza das maquinações postas em prática pelos tipos representados por Ugo Tognazzi e companhia nas comédias dos anos 1970 e 80. Sem a preocupação de ser politicamente correto, uma praga em nossos dias, e com inconsequência estarrecedora. Quando passou a conviver com o lateral Paulo Roberto, encontrou o cúmplice ideal para dar vazão a essa faceta nas concentrações do São Paulo e do Corinthians, embora já tivesse estabelecido outras parcerias no âmbito particular, com Magrão, Ocimar, Marquinho, Márcio, Tambor, entre tantos malucos da Turma do Veneno, no bairro da Penha.

Esse traço aflorara desde a infância e, não raro, lhe causava problemas. Aprontava uma travessura atrás da outra nos tempos de estudante e chegou a ser expulso da Escola Penha de França, atualmente chamada Professora Esther Frankel Sampaio. Além do perfil contestador, o que já o indispunha com os professores, ele mantinha o hábito de fazer desenhos da diretora, Maria Amélia, como bruxa. A gota d'água foi quando penduraram na parede uma vassoura de piaçava, de cabeça para baixo, vestida como bruxa, com o nome da diretora escrito ali. Ele não tinha nada a ver com isso, mas pagou pela má reputação. "Não sabiam quem tinha feito aquilo, então levaram para a diretoria os caras mais suspeitos." Não houve perdão.

Levado pelo vizinho Magrão para a Escola Santos Dumont, os dois passaram a formar uma dupla do barulho. "Ele já tinha repetido de ano, e eu nunca, até estudarmos juntos, pois levei bomba dois anos depois de ele ter ido pra lá. A gente só fazia bagunça", conta Magrão. Também costumavam fugir para cabular aula. Foram flagrados várias vezes. "Numa das ocasiões, o Casa inventou de pular o muro para ir ao Penharama, um cinema famoso no bairro. Queria ver *Guerra nas estrelas*, que havia sido lançado recentemente e fazia grande sucesso. Mas nos pegaram bem em cima do muro. Estávamos eu, ele e o Ademar, que anos depois seria técnico da seleção feminina de futebol. Porém, no dia seguinte, só eu e o Ademar fomos para a diretoria. Essa diretora adorava o Casa e sempre aliviava a barra dele. Acho que só por isso não o expulsaram de novo."

Casagrande admite que tirava proveito pelo fato de ser querido. Ir ao cinema durante o horário escolar se tornou quase rotina. "Havia uma coordenadora que também gostava de mim. Ela chegava a me ajudar a pular o muro quando eu dizia que queria ir ver algum filme bacana. Dona Cida falava assim: 'Vai, vai, que ninguém está vendo!'."

Ao se tornar uma realidade no Corinthians e começar a treinar com os profissionais, embora ainda fosse juvenil, Casão largou os estudos. Ele só completaria o segundo grau, atual ensino médio, mais tarde, em um curso supletivo. Mas as peraltices que aprontava na escola apenas mudaram de lugar.

Uma passagem inesquecível para Magrão, e que demonstra bem a irresponsabilidade moleca de Casão, refere-se ao julgamento por porte de cocaína, ocorrido no Fórum da Penha. Diante da grande repercussão do caso, do interesse público e da parafernália montada pela imprensa em frente ao fórum, para acompanhar qual seria o desfecho da acusação criminal que ameaçava a carreira do jovem e promissor artilheiro do Campeonato Paulista de 1982, o DSV fechou a rua. Casagrande chegou acompanhado pelo advogado José Aranha, o mesmo do ex-governador Paulo Maluf, e pelos amigos Magrão e Claudinho, testemunhas de defesa. "Havia uma tensão no ar, mas o Casa parecia não estar nem aí, só fazia brincadeiras", relata Magrão. "Nossa! Quantos flashes e luzes em cima da gente! Nós quatro estamos parecendo até os Beatles. Eu estou me sentindo o John Lennon... E você, Magrão, quem quer ser? O Paul McCartney?", perguntava ao amigo, perplexo ao vê-lo tão relaxado. "Aparentemente, ele não tinha a menor noção do risco de pôr fim à sua carreira."

O advogado os conduziu a uma sala para orientar qual deveria ser o procedimento do réu e das testemunhas. Enquanto o doutor Aranha passava instruções a Magrão, Casagrande simulava com a mão direita, às costas do jurista, uma tarântula andando em cima da mesa. "Ele adorava me colocar em situação difícil. Eu tentava prestar atenção nas explicações, mas não dava para segurar o riso. O advogado deu bronca: 'Estou falando sério, isto aqui não é brincadeira', me repreendeu. Mas o Casa não se preocupava com os problemas, por mais sérios que fossem. Ele levava tudo na gozação." Até mesmo durante o julgamento, enquanto o juiz observava a explanação de Aranha, ele repetia o gesto com a mão e olhava para o lado de Magrão, que precisava segurar o riso, sob risco de sair algemado do plenário, por desacato.

Logo que se tornou jogador conhecido, Casagrande foi convidado para atuar em duas pornochanchadas: *Procuro uma cama*, dirigida por Deni Cavalcanti, em 1982, e *Onda nova*, da dupla José Antônio Garcia e Ícaro Martins, em 1983. O desempenho como ator era sofrível. Nesse segundo filme, que contou também com a participação de Wladimir, ele precisou ser dublado e substituído por um dublê em algumas cenas, na montagem final, depois de abandonar as gravações. Mas contracenou com atrizes famosas, como Carla Camurati (cuja personagem sonhava em ser "descabaçada", segundo suas próprias palavras, pelo atacante corintiano), Tânia Alves, Vera Zimmermann e Regina Casé. No início, ele achou a experiência interessante e, numa das gravações do primeiro filme, levou o amigo Marquinho para atuar como figurante. No set de filmagem, montado no parque da Aclimação, seu amigo conheceu Acácia Andréa, uma das atrizes, e iniciou um romance que terminaria ruidosamente por culpa de Casão.

Depois de saírem juntos algumas vezes, Marquinho se apaixonou por Acácia e a pediu em namoro. Ao revelar seus sentimentos a Casagrande e Magrão, o rapaz passou a ser torpedeado. "Você vai namorar mesmo a Acácia!!!?", perguntou Casão, com ares de preocupação. "Sim, qual o problema? Ela é uma garota bacana!", ouviu como resposta. "É que ela faz filme pornô... já viu, né?", provocou o jogador. Marquinho fisgava a isca e tentava sempre defender a amada, argumentando que ela era substituída por uma dublê nas cenas de sexo. Certo dia, os três foram comer num restaurante do Grupo Sérgio, na Radial Leste, rede muito popular na década de 1980, e Casão começou um papo atravessado.

"Estou numa situação complicada, com um dilema: se você, Marquinho, soubesse que a mina de um amigo seu o traía, você contaria pra ele?"

"Eu não falaria, não. Às vezes o cara pode até ficar com bronca de você", respondeu Marquinho, ingenuamente.

"Mesmo se fosse um grande parceiro, você não contaria?"

"Não, não diria nada."

"Mas... e se fosse assim como um irmão?"

"Nãooo, pô, já disse. Aonde você quer chegar?", exasperou-se o jovem.

"Ah... e se você tivesse comido a mina do seu melhor amigo?"

Depois de um silêncio tenso pairar sobre a mesa, Casão voltou à carga: "E se eu lhe disser que transei com a sua namorada...". Nem deu tempo de terminar a frase. Marquinho subiu na mesa e provocou tumulto no Grupo Sérgio. Possesso, teve uma crise de nervos, despejou o cesto de lixo dentro da pia, um escândalo dos diabos, estragando o almoço das famílias presentes, estarrecidas com o ataque de fúria.

Depois de ser contido pelos amigos e garçons, Marquinho encaminhou-se bufando para o estacionamento. "Vou deixar vocês dois aqui!" Mas, assim que destravou as portas do carro, Casão e Magrão entraram rapidamente no banco de trás. O namorado ofendido acelerou e saiu cantando pneu. Porém Casão não sossegava: "Como é a música do Sidney Magal, mesmo? Aquela da pilantra Acácia Rosa Madalena...", perguntou, referindo-se à canção da cigana "Sandra Rosa Madalena", grande sucesso no final dos anos 1970, tocada até hoje em rádios e boates. Instantaneamente, Marquinho puxou o breque de mão, parou com estardalhaço no meio da Radial Leste e saiu do carro. Exigia que os passageiros descessem ali. Como os dois se recusavam e os carros buzinavam diante daquele transtorno no trânsito, ele voltou ao volante e impôs uma condição: "Eu levo vocês embora, desde que não abram mais a boca!". Dessa forma, não foi possível desmentir aquela provocação barata, inventada só por diversão.

Naquele dia, Marquinho encontrou a namorada e houve uma briga daquelas de sair faísca. Magoada e ofendida com a desconfiança infundada, ela o largou definitivamente. Ao reencontrar Casão e constatar que tudo não passara de brincadeira, Marquinho ficou inconsolável. E ainda teve de ouvir lição de moral: "Quem mandou entrar na minha pilha? Parece até que não me conhece, pô! A gente gosta de zoar com tudo mesmo, não era pra levar a sério. Tá vendo no que dá ser bobão? Você perdeu uma princesa...".

Essa não foi a única vez que Marquinho foi vítima desse peculiar senso de humor. Em outra situação, o atacante sugeriu ao amigo trocar o Opala Comodoro, que ele adorava, por uma Veraneio, modelo usado na época como ambulância e carro de polícia (tanto da PM quanto da Polícia Civil). "Por que você não vende esse carro e compra uma ambulância?", disse Casão. O amigo trabalhava na época como motorista desse tipo de veículo e, segundo o atacante, seria um negócio da China se tornar proprietário. Com seu quase irresistível poder de persuasão, conseguiu convencê-lo de que uma

Veraneio teria mais utilidade. Eles foram, então, a uma loja de automóveis, venderam o Opala e compraram o tal modelo defendido ferrenhamente pelo jogador.

Ele imaginava se divertir com aquela Veraneio verde, parecida com carro de polícia, e assustar a molecada. Para comemorar a aquisição, saíram dando "blitz" por aí. Para não ser reconhecido, Casão botou um gorro na cabeça, escondeu a chave de roda sob um casaco longo, deixando só a ponta para fora, como se fosse uma arma, e passou a impor a lei e a ordem nas quebradas. Com o braço para fora da janela, dava tapas na lataria, direcionava a luz de uma lanterna e bradava para os casais que se agarravam num *drive-in*: "Circulando, circulando, circulando!", no jargão típico dos tiras. "Os namorados se separavam na hora e iam embora. O Casa já era jogador do Corinthians, mas disfarçado, à noite, e com o fator surpresa, ninguém poderia imaginar algo absurdo assim. Depois de limpar a área, caíamos na risada", relata Magrão.

No meio da madrugada, a Veraneio morreu em plena avenida Pompeia. O motor havia despencado na rua. Marquinho desesperou-se: "Olha só o que você arranjou! Maldita hora que troquei aquele meu Opala lindo por esse carro horroroso, caindo aos pedaços!". Por isso levou outro puxão de orelha. "Claro, você é cabeça fraca... Não podia ter entrado no meu barulho!"

A turma tem muitas histórias que envolvem carros, objeto de desejo de quase todo jovem. Ocimar tinha um Puma conversível e, certo dia, Casão propôs para a galera: "Vamos para a praia?". Porém o carro esportivo não comportava os quatro parceiros ali reunidos. Casão decidiu, então, arrumar outro Puma. Mas ele acabara de virar profissional e ainda não tinha dinheiro suficiente para comprar esse modelo. Para o impetuoso atacante, no entanto, isso não representava um problema.

Na maior cara de pau, dirigiu-se a uma loja de automóveis pertencente a Vicente Viscome, ex-vereador de São Paulo que acabaria preso por corrupção, e manifestou o desejo de experimentar um

Puma. Como a fama abre portas, lhe foi concedido tal privilégio. Assim, o quarteto partiu com dois Pumas rumo a Praia Grande. Porém, de tanta aceleração na serra, o motor do carro dirigido por Casa fundiu na Anchieta. Ele não titubeou: telefonou para Viscome, que lhe enviou outro Puma, levado por dois funcionários. A rapaziada seguiu viagem, divertiu-se no litoral e, no dia seguinte, Casão devolveu o carro para a concessionária. "Não gostei", justificou-se para não fechar o negócio. No fim das contas, comprou um Gol, modelo popular condizente com seu bolso.

Esse tipo de viagem surpresa, sem qualquer planejamento, era frequente. Ao entrar no carro do centroavante, os amigos tinham de estar preparados para tudo. Um dia, antes de estrear pelo Corinthians, passou na casa de Magrão, junto com Marquinho, e lhe disse sem rodeios: "Entra aí, a gente já volta!", uma frase típica dele, sem ter necessariamente o significado conhecido por qualquer pessoa. "Eu estava de bermuda e chinelo, e, por sorte, resolvi trocar de roupa. Só depois me falaram que estávamos indo para Poços de Caldas."

Casagrande acabara de acertar a transferência para a Caldense e precisava assinar o contrato de empréstimo. A bordo de um Fusca, só chegaram ao destino à noite, com o clube já fechado. O jogador explicou a situação ao vigia, que ligou para o presidente, chamado Bento Gonçalves, providenciar um hotel para a turma. "Passamos a madrugada sem dormir, o Casa só fazia palhaçada por causa do nome do dirigente: 'Bento Gonçalves em Minas? Ah, isso não existe!!!', divertia-se." Ele não se conformava de haver um homônimo mineiro do herói gaúcho, um dos líderes da Revolução Farroupilha que deu nome à cidade do Rio Grande do Sul.

Numa outra viagem do "trio calafrio" a Poços de Caldas, embora não tivesse habilitação, Casão foi e voltou dirigindo o Gol novo de Marquinho, que havia torcido o joelho e estava com a perna imobilizada. No regresso a São Paulo, foram parados na estrada pela Polícia Rodoviária, por excesso de velocidade. "Seu guarda, eu não tenho carta de motorista, o carro é do meu amigo aqui. Mas somos jogadores do Corinthians e, como ele se machucou, assumi o volante. Por favor, nos libere, porque temos treino no parque São Jorge", argumentou Casão. Por sorte, o policial gostava de futebol e já ouvira falar dele, por sua atuação na Taça São Paulo de Juniores. Mesmo assim, se julgava no dever de apreender o veículo e levá-los à delegacia. Depois de muita conversa, concordou em deixá-los prosseguir viagem e ainda deu o alerta: "Daqui a trinta quilômetros, tem uma blitz. Cuidado, porque podem pará-los lá também". Quase um ano mais tarde, ao regressar novamente a São Paulo, depois de ter terminado a temporada pela Caldense, o atacante já dirigia o próprio carro, um Chevette prata. Porém ainda sem a carteira de habilitação.

O ponta-esquerda Sidney, ex-São Paulo e Santos, também foi vítima desse jeito engraçado de Casagrande. Um belo dia, Casão ligou para o colega e avisou: "Tô passando aí, você vai bater uma bola comigo!". Sidney embarcou de camisa regata, bermuda e chinelo Havaianas, levando apenas as chuteiras nas mãos, certo de que disputaria uma pelada entre amigos. "Onde é o jogo?", perguntou. "É aqui perto, a gente já volta", assegurou Casão. Só depois de algum tempo na estrada, a verdade veio à tona. Eles estavam indo para Piraju, a cerca de trezentos quilômetros de São Paulo, para um jogo do Veneno, o time de várzea de Casão.

A partida no interior havia sido comercializada por seus amigos, com o chamariz de que Casagrande iria atuar, e houve até transmissão ao vivo da rádio local. Pior: outro jogo fora programado para o dia seguinte em Manduri, cidade vizinha a Piraju. Ou seja, seria preciso passar a noite fora. Sidney se torturava: como explicar tal imprevisto para a mulher, Tereza, jogadora de vôlei do São Paulo? "Nem vou ligar, ela vai dizer que é mentira", reclamava. "Fica frio, eu falo para a Mônica explicar, as duas são amigas", tentava tranquilizá-lo Casão. "Encontrei o Sidney uns dias depois e soube que o bicho pegou na casa dele. A Tereza ainda não o havia perdoado", conta Magrão.

Ao conhecer Paulo Roberto, Casagrande ganhou um parceiro no futebol para praticar novas molecagens. Certa vez, eles estavam concentrados com a delegação do Corinthians no hotel São Rafael, no largo do Arouche, em São Paulo, quando o telefone do quarto tocou, e Casão atendeu a ligação. "Só queria confirmar a reserva para quarenta pessoas", disse a voz do outro lado da linha. "Ah, só um momento, vou chamar a pessoa responsável", emendou ele, sem o menor constrangimento, passando o aparelho para Paulo Roberto. "Vamos ver... qual é o nome da empresa mesmo? E a data desejada? Ok, reserva confirmada!", assegurou o lateral. Assim, eles programaram um congresso para o hotel, sem conhecimento da direção.

Nem mesmo quando estava longe, Casão deixava os amigos da Penha em paz. Ocimar tinha muitas espinhas no rosto e ganhou vários apelidos referentes a isso, como "Choquito", "Abacaxi" e "Chuteira", o que o deixava extremamente bravo. Concentrado para um jogo em Salvador, o atacante combinou com Paulo Roberto de passar um trote no parceiro de infância. Ele ligou para a lanchonete de Ocimar e colocou o lateral na linha, enquanto ouvia pela extensão no banheiro. "Boa tarde, estamos ao vivo na Rádio Brasil, da Bahia, e o senhor será premiado se responder à seguinte pergunta: qual o ator da TV Globo que é nascido na Penha, em São Paulo?", falou Paulo Roberto, impostando a voz como locutor. Ocimar, criado no bairro, sabia a resposta, é claro. "Marcos Winter, Marcos Winter!", gritou, exultante. "Resposta exata! O senhor acaba de ganhar uma caixa de Choquito, um par de chuteiras e dez quilos de abacaxi", completou o lateral, enquanto Casão gargalhava. Só restou a Ocimar desfiar um rosário de palavrões.

Naquela década, os jogadores do São Paulo gostavam de ir a um barzinho na avenida Nove de Julho, cujo gerente era homossexual e demonstrava grande interesse pelo lateral-esquerdo Nelsinho. Mais de uma vez, Casão e Paulo Roberto aplicaram o mesmo truque para sair sem pagar a conta. Logo na entrada, perguntavam ao gerente: "E aí, Serginho, tudo bem? O Nelsinho já chegou? Combinamos de encontrá-lo aqui". Diante da resposta negativa, sentavam-se e consumiam, como se estivessem à espera do colega. Mais tarde, concluíam a trama: "Olha, nós vamos dar uma voltinha, mas, quando o Nelsinho chegar, avisa que nós vamos voltar, hein?", diziam para o gerente que, solícito, assinava as comandas liberando a saída.

Ser torto na vida parecia uma sina. Até mesmo quando Casão pretendia fazer a coisa certa, sem engabelar ninguém, os fatos iam se desenrolando de tal maneira que se transformavam numa aventura arriscada. Ainda mais quando envolvia o pessoal da Turma do Veneno, cada um mais enrolado que o outro. No momento em que se propôs a organizar shows e eventos, numa atividade paralela, o atacante tentou juntar o tino comercial à sua paixão pela música. Algo sério, empresarial. Nada melhor, pensou ele, do que promover um show de Raul Seixas, um de seus maiores ídolos do rock, que andava sumido, doente e decadente. Haveria de ter público fiel para ver o Raulzito, ainda mais com o astro fora da mídia, apostaram Casão e seus fiéis escudeiros. Mas o que se iniciou com as mais nobres intenções terminaria em confusão e fuga.

CAPÍTULO DEZENOVE

Futpopbolista

Casagrande é fã de rock desde que ouviu pela primeira vez aquela batida vigorosa e se encantou com a atitude desafiadora de seus ícones. Tem preferência por sons pesados, feitos por almas atormentadas, como Jim Morrison, Janis Joplin, Jimmy Hendrix... ou bandas de metal, como AC/DC e Black Sabbath. Também adora blues, com fascínio especial por Eric Clapton, embora seu gosto musical seja vasto, indo de Beatles a música popular brasileira. Curte os roqueiros nacionais e se tornou amigo de vários. Ele domina, com precisão, a história e a formação dos grupos e, ao colocar uma música para tocar, é capaz de antecipar solos de guitarra, baixo, bateria, o escambau, dando a autoria de cada um deles. Um conhecimento adquirido a partir da pré-adolescência, quando esperava com ansiedade o lançamento, no Brasil, de LPs e álbuns de vinil dos seus maiores ídolos. Naquele tempo, as novidades demoravam a chegar, não havia a velocidade das informações pela internet e a cultura digital. Além disso, havia censura da ditadura militar, barreiras de importação, estratégias comerciais das gravadoras para o mercado fonográfico internacional... Tudo tornava o acesso mais difícil.

Em busca de informações sobre produções estrangeiras, frequentava cineclubes e salas do circuito alternativo paulistano, a maioria já extinta. "A primeira vez que vi Janis Joplin em ação foi num cinema desse tipo, por volta de 1975, na avenida Faria Lima. Fiquei maravilhado." As cenas da juventude rebelde no festival de Woodstock, realizado em 1969 nos Estados Unidos, também o influenciaram profundamente.

Ao se tornar atleta profissional, Casão destacava-se dos demais tanto pelas conversas recheadas dessas referências musicais quanto pelas roupas inspiradas na moda hippie, incluindo camisetas com estampa de astros do rock. O que era visto com desconfiança ou até repulsa, na época de Vicente Matheus e seus asseclas, virou alvo de admiração com a renovação trazida pela Democracia Corintiana. O publicitário Washington Olivetto, convidado por Adilson Monteiro Alves para ser vice-presidente de marketing do clube, encarou aquilo como algo positivo e percebeu que poderia virar uma marca de Casagrande. Foi além: planejou estender aquele interesse cultural para o restante do time.

Amigo de Rita Lee e Roberto de Carvalho, Olivetto articulou a aproximação do casal com o time do Corinthians. Parecia ser um bom caminho para combater o velho estigma de que jogadores de futebol frequentam puteiros depois dos jogos, um lugar-comum embasado na realidade, e abrir perspectivas para os atletas descobrirem um universo mais atraente, convivendo com estudantes e jovens de sua geração. Um barzinho especializado em rock, na rua Bela Cintra (região da avenida Paulista), se tornou tradicional ponto de encontro de integrantes do time depois das partidas do Corinthians. "Havia uma característica interessante na Democracia Corintiana, que era a proximidade entre as faixas etárias de jogadores e dirigentes, coisa que praticamente não havia acontecido antes no futebol", destaca Olivetto.

"Como filha de um grande corintiano, e ela mesma uma torcedora fanática, sugeri à Rita Lee convidar a rapaziada para o seu show. E ela os chamou até o palco, naquelas cenas famosas com Casagrande, Sócrates e Wladimir fazendo parte do espetáculo", lembra Olivetto. Os três dançaram e cantaram, ao lado da estrela, o refrão "Meu amor, por favor, vote em mim", música escolhida justamente por fazer referência a voto e remeter à ideia de democracia.

Nesse show no Ibirapuera, eles haviam prometido levar uma camisa do Corinthians para dar a Rita Lee, mas somente quando já estavam na plateia Casão se lembrou desse detalhe. "Pô, Magrão, trouxe o presente da Rita?", perguntou para Sócrates. O Doutor também se esquecera, assim como Wladimir. Casão olhou ao redor e viu um rapaz vestido com o uniforme do time. Era a única saída: ele o abordou e lhe pediu a camisa. Ao ver os três principais jogadores da equipe ali, lhe fazendo um pedido tão insólito, o torcedor pensou que estivesse enlouquecendo. "Você só pode estar de sacanagem...", rebateu. Mas, ao ouvir a explicação, aceitou ajudar: "Se é esse o motivo, será uma honra". Tirou prontamente a peça e ficou sem camisa.

A parceria com Rita Lee e Roberto de Carvalho agradou a muitos corintianos, mas tocou especialmente Casagrande, um roqueiro por excelência. Eles iriam se encontrar diversas vezes e selar uma amizade que o influenciaria dali em diante. Casão até homenageou a rainha do rock nacional com o célebre "Gol Rita Lee", numa promessa cumprida pelo artilheiro no segundo jogo da final do Campeonato Paulista de 1982, contra o São Paulo, na vitória por 3 a 1, no Morumbi. "Há uma narração inacreditável desse gol, feita pelo Osmar Santos. Eu tenho essa gravação até hoje em casa", empolga-se Olivetto.

A imagem de roqueiro colou em Casagrande e fez com que um grande contingente de jovens se identificasse com o atacante corintiano — e não, necessariamente, apenas torcedores do clube. "O Casagrande é o precursor de um personagem que começou a se materializar fortemente na Europa a partir do Ronaldo Fenômeno. É o que eu chamo de futpopbolista, cruzamento de jogador de bola com ídolo do pop. Talvez ele tenha sido o primeiro futpopbolista do Brasil por suas atitudes, que tinham conotação de rock and roll", define Olivetto.

Como também se destacava por ser politizado, Casagrande e sua veia roqueira ajudaram a chamar a atenção da juventude mais ligada em música para a luta pela redemocratização do país. Numa tacada de mestre, para demonstrar às empresas a grande exposição proporcionada pela camisa do Corinthians — um tipo de marketing até então desconhecido por aqui —, Olivetto colocou a mensagem "Dia 15 vote" nas costas do uniforme alvinegro, conclamando a população a comparecer às urnas para eleger o governador do estado, depois de tantos anos sem eleições. A iniciativa causou preocupação ao regime militar, pois o time era nitidamente associado à oposição. O presidente do Conselho Nacional de Desportos (CND), brigadeiro Jerônimo Bastos, convocou o presidente corintiano, Waldemar Pires, ao Rio de Janeiro, a fim de proibir o uso da camisa em campanhas políticas. Mas o recado já havia sido dado, e logo em seguida começaram a aparecer empresas interessadas em explorar o espaço publicitário.

"O grande destaque da utilização daquela camisa foi o Casagrande. A principal foto era a dele de costas, inclusive melhor do que a do Sócrates", destaca Olivetto, ressaltando o talento do atacante para a comunicação de massa.

Ídolo pop, amigo de Rita Lee, amante do rock e com desejo de transformar o mundo, Casão resolveu ingressar no universo do *show-bizz*. Ele conheceu os donos da FWM, agência de eventos em dificuldade financeira, e entrou como sócio. De cara, organizou a festa do título paulista de 1982 no parque São Jorge. No ano seguinte, a empresa passou-se a chamar Casagrande Produções, e o novo dono idealizou a realização de um espetáculo musical para tentar levantar o negócio. Algumas opções entraram em discussão: Fagner, Simone, Sandra de Sá com Tim Maia na quadra da Rosas de Ouro... Nada disso. "Eu sou roqueiro, então quero fazer um show do Raul Seixas", concluiu. "Mas ele não aparece em lugar nenhum", ponderou um dos parceiros envolvidos no projeto. "Por isso mesmo! Há um interesse reprimido do público", decretou ele, fã declarado do pioneiro, no país, do rock com cara de bandido.

O fiel escudeiro Magrão, cuja família é de Marília, teve um estalo: levar o show para a cidade do interior paulista, onde haveria um campeonato de motocross, com gente jovem de vários lugares do país e uma população com poucas opções de lazer. A sugestão foi prontamente aprovada. Durante seis meses, o atacante encontrou-se de duas a três vezes por semana com Raulzito para amadurecer o projeto.

Nesse ínterim, houve até o lançamento de um disco do cantor, na boate Gallery, em São Paulo. Casão compareceu e saiu algumas vezes, sorrateiramente, para cheirar cocaína. Naquela época, não se cheirava em banheiros ou carros, como mais tarde se tornou comum. Os usuários seguiam todo um ritual, com prato, gilete para bater bem o pó e canudinho. Então, o jogador corria até seu escritório na Faria Lima para cumprir todo esse processo, e voltava "ligado" ao Gallery. "Nunca usei cocaína na frente do Raul. Ele já não estava bem, e eu não queria instigá-lo, embora saiba que o álcool e as drogas fizeram parte de sua vida até o final."

Depois de entrar em acordo com Miguel Cidras, maestro e agente de Raul, faltava só arranjar um local apropriado para o show. Representantes da produção viajaram para lá e alugaram o ginásio do Campus Universitário de Marília, com capacidade para 5 mil pessoas. Em seguida, começaram a fazer divulgação por cidades de toda a região, como Bauru, Tupã, Oriente etc.

Mas existia um problema. Quando se aproximava o grande dia, perceberam que haviam cometido um grave erro: a reserva do ginásio não coincidia com o evento de motocross, marcado para uma semana depois. E não havia mais como mudar. Estava tudo amarrado: o ginásio encontrava-se indisponível na data pretendida, a divulgação fora feita e, principalmente, Raul Seixas já se programara. Pior ainda: não existia linha de ônibus aos sábados à noite para a universidade. A dificuldade de acesso iria afugentar muitos potenciais espectadores.

Na esperança de contornar o problema e atrair público, um dos antigos sócios da FWM teve a ideia de sortear uma moto para a plateia no dia do espetáculo. Porém sem dinheiro para comprá-la, entrou em acordo com uma concessionária e a levou em consignação. Com a arrecadação da bilheteria, a moto seria paga posteriormente, assim como todas as despesas do show. "Esperávamos 5 mil pessoas, mas foram 2 mil. Bateu desespero. Não dava para pagar nem o Raul Seixas, quanto mais o ginásio, o hotel e a moto", conta Magrão.

O clima de tensão aumentou com a chegada de Raul. O astro avisou que não entraria em cena se não recebesse o cachê adiantado. Seguiu-se uma longa e extenuante negociação. Diante do risco de um escândalo dos diabos, o mesmo sócio que idealizara o sorteio da moto preencheu na hora um "cheque voador" e o entregou ao cantor. Raul queria dinheiro vivo, mas o circo já estava armado e ele acabou cedendo, embora com indisfarçável contrariedade.

O show começou com uma hora de atraso. Àquela altura, impaciente, o público já reagia com irritação. Desnecessário dizer que Raul estava pra lá de Bagdá, muito bêbado — na melhor das hipóteses —, como se tornou praxe em sua fase de decadência e alcoolismo crônico. Levou para o palco, inclusive, um copo de uísque. "Ele cantava uma música e parava pra tomar uísque. Assim, ele cantou por menos de meia hora, se invocou com a plateia, deu um tapa no copo e anunciou: 'Não canto mais!'. Saiu do palco, entrou na perua e voltou para o hotel, enquanto os espectadores protestavam e pediam bis", relata Magrão.

Ainda havia o problema da moto para resolver. Sem dinheiro, seria preciso devolvê-la à concessionária. O autor da ideia, então, resolveu apelar para uma fraude. Ele pediu a outro amigo de Casagrande, que já se enturmara na cidade, para combinar com alguma garota um jogo de cartas marcadas. Ele chamaria o número referente ao bilhete entregue a ela, a menina subiria ao palco como a vencedora do concurso, para ludibriar o público, mas não ficaria com a moto. Assim um papelzinho foi tirado da caixa e o número, previamente escolhido, anunciado para a plateia, com pompa e circunstância: "oito... cinco... três!!!". Mas ninguém se manifestou. Repetiu-se o número, e nada. Alguns espectadores gritaram: "Essa pessoa já foi embora, tira outro número!". A tensão dominava os organizadores, quando surgiu uma moça, pulando de alegria no palco. Ela entregou o bilhete "premiado" e foi convidada a comparecer em seguida ao camarim.

Minutos depois, a vencedora apareceu nos bastidores com um grupo de oito amigos, feliz da vida por ter ganhado a moto. O organizador responsável pela marmelada, surpreso, lhe perguntou entredentes: "Você sabe o que está se passando, né?". A resposta caiu como uma pedra: "Claro, eu ganhei a moto!". A confusão aumentava cada vez mais. O amigo de Casão designado para arrumar a tal moça repassara a tarefa para um morador da cidade, que deu o bilhete a uma amiga sem lhe explicar devidamente o plano, ou a garota não entendeu direito a maracutaia. "Ainda tentamos convencê-la a não ficar com a moto, mas não houve jeito. Para piorar, ela era filha de um promotor público de Marília", conta Magrão.

Mais enroscado do que disco velho de vinil, o pessoal da produção voltou rapidamente para o hotel, pegou as coisas e fugiu da cidade às pressas. "Conseguimos escapar, mas a polícia fechou a estrada e parou o Raul Seixas, que não tinha nada a ver com a confusão, para prestar esclarecimentos. A imprensa local dizia que o Casagrande havia dado chapéu em Marília. Até hoje, quando visito minha terra, encontro gente que ainda se lembra desse show", diz Magrão.

A 440 quilômetros dali, Casagrande também nada tinha a ver com esse rolo todo. Ele nem pudera ir ao show no sábado à noite, pois estava concentrado para o jogo contra a Portuguesa, no domingo de manhã. A forma como ele viria a saber das encrencas em Marília foi a mais estranha possível. No meio da partida, seus amigos chegaram ao Canindé, um deles assobiou da arquibancada e gritou "Wartão!!!" para chamar sua atenção. Ao vê-los ali, tão cedo, Casão logo percebeu que as coisas não tinham ido bem no interior. Com ar interrogativo, ele esfregou as unhas da mão na camisa — o típico sinal de "sujeira", no jargão da malandragem — como que perguntando se algo havia dado errado. Ao ver o sinal negativo dos parceiros, só levou as mãos à cabeça. E se esforçou para se concentrar apenas no jogo.

A mistura de rock, política e futebol fazia parte de seu dia a dia. Era frequentador assíduo de shows e, sempre que podia, desde que não estivesse concentrado ou jogando pelo time, batia ponto nos espetáculos. Mais do que isso, gostava de visitar camarins e fazer amizade com os músicos. Às vezes, desenvolvia tanta intimidade que chegava a ir aos shows no ônibus da própria banda, como já ocorreu com Titãs, Barão Vermelho etc. Nessas ocasiões, sentia-se quase como integrante do grupo.

Mesmo quando não tinha proximidade, não perdia a chance de manter contato pessoal com os artistas. Em 1983, antes de conseguir conquistar Mônica, ele foi com Denise (sua primeira namorada), Magrão e a namorada dele, Silvana, a um show da Blitz, que estourara com o hit "Você não soube me amar". Antes de ir para o Anhembi, local do espetáculo, fumara um baseado e encontrava-se chapado, com os olhos vermelhos e recendendo a maconha. Logo na entrada do show, encontrou-se com o locutor Osmar Santos, por quem nutria grande simpatia e até afinidade, por conta do apoio dado à Democracia Corintiana e à campanha pelas Diretas Já. Ao vê-lo, Osmar percebeu seu estado alterado, embora, educadamente, não tenha comentado isso de forma aberta para não constrangê-lo. Porém, com seu estilo peculiar, o cumprimentou assim: "E aí? Tá legal, hein, garotinho?". Casão entendeu o recado e caiu na risada. Depois desse dia, ao longo dos anos, sempre que encontrava um amigo "maluco", Casão repetia o jargão: "E aí? Tá legal, hein, garotinho?". Nem precisava dizer mais nada. Uma forma de comunicação cifrada, mas simples, bem-humorada e cheia de significado, como costumavam ser as frases do genial Osmar Santos.

Todos assistiram ao show no Anhembi e, ao final, Denise e Silvana foram ao banheiro. Enquanto esperavam as garotas, uma pessoa da produção da Blitz avisou o atacante de que Evandro Mesquita, vocalista e líder da banda, gostaria de conhecê-lo. Casão se animou e, na hora, convidou Magrão para ir junto ao camarim. "E as meninas?", ponderou o amigo. "A gente as encontra depois, fica frio", respondeu, com seu habitual descompromisso.

Casão queria aproveitar a oportunidade para conhecer Fernanda Abreu, vocalista e parceira de Evandro Mesquita na banda, por quem sentia atração. Por isso a ausência da namorada naquele instante vinha até a calhar. "Cara, nós vamos perder nossas namoradas!", insistiu Magrão. Mas, decidido, o atacante abriu o jogo: "Eu preciso falar com a Fernanda, essa mina é demais, cara!". E lá foram eles.

Depois de cumprimentar o vocalista, Casagrande teria seu grande momento de ser apresentado à musa da Blitz. No caminho até o camarim, ele manifestara a intenção de passar uma cantada na estrela, ou pelo menos demonstrar seu interesse, trocar telefone, algo do gênero, mas travou na hora H. Soltou um elementar e reprimido "Oi!". Ao saírem de lá, Magrão o cobrava pela timidez: "Pô, largamos nossas namoradas pra você tentar engatar algo com a mina, e você chega lá e não fala um 'a'? Tenha dó! Agora, vamos enfrentar a fúria das garotas, que devem estar nos procurando feito loucas e, claro, numa bronca danada". Dito e feito. As duas haviam rodado o Anhembi inteiro e, sem achá-los, foram ao estacionamento conferir se o carro ainda se encontrava lá. "Quando aparecemos, elas estavam paradas ao lado do Jipe. Ouvimos um sermão interminável", lembra-se Magrão.

Essa falta de coragem para abordar as mulheres sempre o acompanhou. Magrão não se cansa de jogar na cara de Casão que, se não fosse pelos velhos camaradas, e especialmente por ele próprio, a vida sexual e afetiva do atacante corintiano teria sido um fiasco. "Eu é que cantava as meninas pra ele. Até a Mônica, pô, eu tive de dar um jeito de aproximá-lo dela. Nessa área, sempre foi fraco. Só se dava bem por causa da fama", tripudia o amigo de infância.

Apesar das espetadas de Magrão, Casagrande sempre acabava se dando bem nesse terreno, embora tímido para tomar a iniciativa da primeira abordagem. Com dezoito anos, já saía com as mulatas do Sargentelli e as chacretes do programa do Velho Guerreiro, o Chacrinha. Também abria, lia e selecionava, com a ajuda do amigo Ocimar, as centenas de cartas que as fãs lhe enviavam. "Escolhíamos pela letra e íamos visitar as melhores. Algumas vezes, acertávamos na mosca! Quando nos decepcionávamos, só fazíamos um agá, a menina ficava feliz e íamos embora."

Um pouco mais velho, colocou essa prática de lado, e os shows se tornaram o ambiente preferido para iniciar paqueras. Quase sempre pedia auxílio a um de seus camaradas para se aproximar da mulher desejada. Isso aconteceu numa apresentação do Creedence em São Paulo. A certa altura, ele se virou para um amigo, Márcio, e falou em tom imperativo: "Vai lá e pega o telefone daquela mina ali pra mim". O problema era que a garota estava acompanhada por um sujeito, aparentemente namorado. "Você tá louco? Ela está com um cara, como vou chegar assim?", rebateu o parceiro. "Que nada, a mina tá dando bola pra mim, olha só, vai pegar o telefone dela!"

Ajuizadamente, Márcio não se atreveu a entrar nessa roubada. Porém a própria moça resolveu tomar uma atitude. Pediu a seu acompanhante que fosse buscar uma bebida e, tão logo ele se afastou, aproximou-se de Casagrande e lhe passou rapidamente o número do telefone dela. "Depois você me liga", combinou. "Tá vendo? Eu não disse? Sou malandro, meu, e você é um puta otário!", fustigou Casão, dirigindo-se ao companheiro. Só que ele mesmo não tivera coragem de fazer a abordagem. Como quase sempre acontecia.

Mas nem em todos os shows Casão sentia-se tão descontraído assim. No "Tributo a Cazuza", apresentação do Barão Vermelho em 2000, para homenagear os dez anos da morte do ex-integrante do grupo, já chegou "travado" ao Anhembi. Ele estava a caminho, com um grupo de amigos, quando o celular tocou. Era o baterista Peninha. Ao saber que se encontravam próximos do ginásio, o percussionista fez o convite: "Nós passamos para pegá-lo, vamos juntos para o show. Estaciona aí mesmo e, quando vir uma van, acena pra gente". E assim foi feito.

Logo que chegaram à casa de espetáculos, os integrantes do Barão se dirigiram ao camarim, enquanto Casão foi para o banheiro cheirar mais cocaína. Havia levado uma porção com ele. Ao se reencontrar com Peninha, logo avisou: "Uma coisa que não suporto fazer, quando estou louco, é tirar fotografia", já supondo que alguém teria a ideia de registrar sua presença ali. Mal ele acabou de falar, apareceu o produtor Duda Ordunha disposto a tirar uma foto deles juntos, para divulgação. "Meu, no estado em que estou, não tiro uma foto agora nem por um caralho", abriu o jogo. "A gente pega só daqui pra cima...", insistiu Duda, apontando, ingenuamente, a altura do peito. "Daqui pra cima que é pior, pô!", desvencilhou-se Casão. Com as pupilas dilatadas, os músculos da face contraídos, mordendo o próprio lábio pelo efeito da droga, não queria passar recibo. E, assim, não pôde posar para a foto histórica.

Houve outras furadas piores por causa da droga, à medida que a dependência se agravava. Casão já faltou a vários espetáculos de artistas amigos, depois de ter confirmado presença, por não se sentir em condições de aparecer em público. "Uma mancada clássica minha foi num show do Barão Vermelho no Via Funchal. Estava no hotel com o Frejat, o Peninha e o Duda, conversando numa boa, um momento superbacana. Só que eu ia ao banheiro do saguão para cheirar." Quando faltava uma hora para o show, o pessoal do Barão se despediu e partiu rumo ao Via Funchal. Frejat deu pessoalmente o ingresso para Casão, que se comprometera a sair logo em seguida para assistir ao espetáculo. "Mas eu fiquei mais algum tempo ali, entrei no banheiro de novo... e bateu paranoia. Simplesmente não consegui ir. Além de ser falta de respeito e consideração, foi um puta ato egoísta. Na hora, muito doido, apenas pensei: 'Não vou, foda-se!'. Os caras eram meus amigos, pô!", penitencia-se.

Na fase ainda mais aguda da dependência química, Casão chegou a receber conselhos até de Luís Carlini, legendário guitarrista do Tutti Frutti na década de 1970. Parece até piada: um símbolo dos anos mais loucos do rock nacional tentou colocar Casão nos eixos. Os dois são amigos de longa data, frequentam as respectivas casas e já viveram aventuras capazes de deixar até os carecas de cabelo em pé. Porém, embora mantenha o visual transgressor de sempre,

Carlini passou a zelar mais pela saúde, a se preocupar tanto com o corpo quanto com a mente. Riscou as drogas e o álcool do cardápio, e até mesmo as carnes vermelhas. Em plena "trip" saudável, certo dia, ele recebeu a visita de Casão às sete horas da manhã. Foi acordado pela insistência do amigo em bater à porta. "Bota água pra ferver", pediu o ex-jogador, irrompendo sala adentro, enquanto o músico tentava despertar por completo. Ao constatar que a água não seria usada exatamente para fazer café, mas para dissolver cocaína, ele tomou um susto. Tentou, a seu modo, alertar o companheiro sobre os perigos daquele caminho que já percorrera em outros tempos, mas sem grande poder de argumentação. "Ele se sentia impotente, pelo histórico dele, diante da situação", diz Casa.

O dia em que os dois se conheceram nunca será esquecido. O encontro, por acaso, se deu dentro de um velho elevador, num hotel da boca do lixo de São Paulo. Casão havia ido até lá para se encontrar com Miguel Sidras e contratar o show de Raul Seixas — aquele conturbado, em Marília. O destino de Carlini era o mesmo: dirigia-se ao quarto do maestro e agente de Raulzito. Durante o percurso do vagaroso elevador, houve o contato. "Fala, Casão!", saudou o guitarrista, reconhecendo o centroavante do Corinthians. "Você é o Carlini, né? Sou seu fã pra caralho", respondeu o jogador. Não era só um elogio educado por uma questão social. Ele tinha verdadeira adoração pelo Tutti Frutti, grupo fundado por Carlini, que fez grande sucesso com Rita Lee.

Se entre as bandas estrangeiras Casão tinha profunda admiração pelo The Who, em grande medida pelas performances avassaladoras de Pete Townshend — que arrebentava a guitarra, literalmente, destruindo o instrumento ao final de seus shows —, no Brasil, ele se entusiasmava com Raul Seixas, Os Mutantes e Tutti Frutti. Portanto, não perdeu a oportunidade de iniciar uma amizade que perdura até hoje. Recentemente, chegou a comprar uma guitarra profissional preta, Gibson Les Paul, com a esperança de aprender seus mistérios com um grande mestre. Mas o projeto não deu muito certo. Carlini sempre põe o pé na estrada, tocando mundo afora, e seu "aluno" também tem compromissos com a TV Globo que dificultam a conciliação das agendas para um aprendizado musical regular e sistemático. Essa é a desculpa oficial. Porque, convenhamos, a probabilidade de Carlini transmitir seu virtuosismo a Casagrande é a mesma de o ex-jogador ensinar o roqueiro a fazer gols de bicicleta.

Carlini não foi o único ícone do rock a se sentir impotente em barrar a escalada de Casão rumo ao inferno. Certa manhã, nosso herói foi tomado por sensação de culpa e insatisfação. Virado, não conseguia parar de consumir cocaína e tomar tequila. O sol batia na janela, lembrando-lhe que já era outro dia, enquanto o som tocava na sala: "Mais uma dose? É claro que eu tô a fim! A noite nunca tem fim, baby, por que a gente é assim?". Ao se ver retratado naquela canção, decidiu ligar diretamente para um dos autores da música. Telefonou para a casa de Frejat, no Rio de Janeiro, e ao ouvir a voz do cantor do outro lado da linha, perguntou à queima-roupa: "Frejat, por que a gente é assim?". O cantor deu uma risada um tanto amarga e emendou: "Eu também nunca consegui descobrir isso...". Esse episódio não foi uma gozação, mas um autêntico pedido de socorro. "Queria mesmo uma resposta para entender essa nossa compulsão", explica Casagrande. Uma resposta que ele procura até hoje.

CAPÍTULO VINTE

História sem fim

A bola ainda está em jogo, e isso basta para Casagrande seguir em frente, suando a camisa na competição incessante de cada dia. Nessa partida renhida, teve lesões sérias e quase perdeu a vida. Já marcou gol contra, tomou cartão amarelo — por pouco não foi expulso de campo — e viu seu maior parceiro ser derrotado pelo álcool. Sofreu danos físicos, afetivos e emocionais, mas sem renegar a própria personalidade. Foge ao estereótipo do viciado que, depois de ser flagrado e se submeter a tratamento, passa a reproduzir frases feitas e a rezar por uma cartilha rasa e pré-fabricada. Jamais caiu na tentação covarde de atribuir seus tropeços às chamadas "más companhias", tão citadas nesses casos. Ao contrário, mostra coragem para assumir seus erros e buscar corrigi-los. Sabe que é o senhor do destino, não uma peça manipulada no tabuleiro de xadrez.

Quando a casa caiu, seria mais prático virar as costas para a sua história, assumir um discurso reacionário contra ídolos do rock, pelo mau exemplo dado à juventude, ou posar de vítima de traficantes para comover a opinião pública. Mas essa visão simplista não faz parte de seu ideário. Ele tem consciência de que o mal não vem de fora. Encontra-se incrustado na alma e no metabolismo de cada um.

O uso de drogas normalmente é consequência de desequilíbrios químicos do organismo, de patologias psíquicas que se manifestam das mais diversas formas, como ansiedade, pânico, depressão, psicose. Ainda há grande preconceito em relação a distúrbios mentais e sequelas psicológicas, o que impede muita gente de assumir a doença e buscar ajuda especializada. Existe o medo de ser tachada de louca. Mas, como diz a música "Vaca profana", de Caetano Veloso, um dos compositores que influenciaram a formação de Casagrande, "de perto, ninguém é normal".

Nesse aspecto, o serviço prestado pelo craque é inestimável. Ele teve o mérito de entrar nas casas das famílias de todo o Brasil, em pleno *Domingão do Faustão*, e desmistificar o uso de drogas. Desvendou-se por inteiro, contando em detalhes sua saga e alertando para o perigo a que todos estão sujeitos. Não se trata de coisa de bandidos. Atinge tanto marginais e desvalidos como estudantes, profissionais de sucesso, pais e filhos. "Ninguém está imune" é a sua convicção. Recentemente, ele ficou impressionado ao tomar conhecimento de uma pesquisa divulgada pela Universidade Federal de São Paulo, em setembro de 2012, segundo a qual por volta de 2,8 milhões de brasileiros consumiram cocaína ou crack no período de um ano. Desse total, quase metade se tornou dependente.

"Dentro desse universo, há desde jovens à procura de aventuras e experimentações até adultos em busca de alívio para seus tormentos. O que não deveria causar estranhamento. Afinal, a humanidade faz uso de alucinógenos, calmantes e estimulantes desde seu surgimento na face da Terra. Sem esquecer que o álcool e os medicamentos vendidos em farmácias também são drogas", ressalta o ex-atacante.

Atualmente, Casão tem uma psiquiatra, com sessões uma vez por semana, e três psicólogas que lhe dão suporte no dia a dia. Essas últimas se revezam na função de acompanhantes terapêuticas, ou seja, o ajudam a lidar com os problemas da vida cotidiana e lhe fazem companhia em qualquer lugar. Podem encontrá-lo tanto em casa como ir com ele a bancos, reuniões, shows, restaurantes. Uma prova de humildade do ídolo diante do risco de recaída.

O seu caso leva luz a um tema delicado, ainda encarado como tabu. O tratamento é o melhor caminho, pois pode-se controlar os sintomas dos distúrbios psíquicos com medicamentos e terapia. É verdade que Casagrande tem condição econômica privilegiada. Recebe excelente salário da TV Globo e leva vida de classe média alta: mora sozinho num apartamento confortável, embora sem luxo, na zona oeste de São Paulo, sustenta e apoia financeiramente os três filhos e os pais, paga pensão à ex-mulher e adora comer fora. Sem ostentação ou esbanjamento, mas com recursos acima das possibilidades da maioria da população brasileira. Ele entende ter cumprido seu papel ao combater o preconceito e preconizar, por meio da mídia, em escala nacional, a necessidade de reabilitação dos dependentes químicos. Agora defende a criação de uma rede pública de atendimento médico, ampla e confiável, nessa área crucial.

A sua lição de vida serve como farol à população em geral. Ao mostrar que nem um ídolo está livre de cair no abismo, faz um apelo à compreensão das famílias com os usuários de drogas e chama a atenção das autoridades para um drama subterrâneo. A dependência precisa ser encarada como uma questão de saúde pública, não como caso de polícia.

A postura transparente foi fundamental para conquistar o apoio de muita gente. E esse talvez seja o traço mais marcante de sua personalidade: o de ser autêntico. Assim como assume com naturalidade passagens de sua vida que poderiam lhe trazer censuras e constrangimentos, incluindo molecagens e brincadeiras irresponsáveis da juventude, expõe as entranhas de seu inferno particular com raro despudor. Embora não deixe de ser arriscado, é justamente isso que comove a maioria das pessoas.

Em nossa convivência, presencio constantemente o carinho com que é tratado pelo público. Desde senhoras religiosas, que rezam por ele, a jovens e pais que se identificam com seu problema, o ídolo desperta manifestações de admiração por onde passa. Em bares e restaurantes, sempre é abordado para tirar fotos com fãs das mais variadas faixas etárias e escuta palavras de incentivo. Nas ruas da Pompeia e da Vila Madalena, por onde costuma circular, motoristas chegam a reduzir a marcha ao vê-lo andando na calçada para gritar saudações desse tipo: "Você é o cara, Casão!".

Washington Olivetto, especialista em comunicação de massa, atribui tanta popularidade à sinceridade desconcertante do antigo craque. "Uma qualidade que o Casagrande sempre teve, desde a época de jogador, é exatamente a honestidade absoluta. Gozado... inicialmente as pessoas imaginavam, até de forma ingênua, que essa sinceridade poderia lhe ser prejudicial como comentarista na TV. Mas, ao contrário, virou um grande patrimônio dele, uma marca", analisa o publicitário.

Sobre isso, Olivetto revela um elogio feito pelo locutor Galvão Bueno — com quem Casão já teve rusgas no passado, mas que se mostrou um aliado de peso durante a fase mais crítica — em uma rodinha de amigos. "Outro dia, encontrei o Galvão falando bem do Casagrande pelas costas, e uma das coisas que ele destacava era a absurda sinceridade."

Tal característica desmonta qualquer um. "A maneira digna e corajosa com que ele enfrentou seu problema, reconhecendo e superando todas as dificuldades, com uma recuperação sensacional, só aumentou a admiração das pessoas", diz Olivetto, que recorre a uma imagem do pugilismo para traçar um paralelo. "O ser humano gosta de heróis. Nós nos emocionamos, mais ainda, com aquele lutador de boxe que é muito bom, mas sofre uma queda, e depois outra, mas consegue se levantar e ainda fazer o nocaute no final. A recuperação do Casagrande foi sensacional porque, além de tudo, deu um exemplo público."

Nesse ponto, Sócrates não teve a mesma sorte. Quando foi internado em estado grave, seu fígado já estava irremediavelmente comprometido. Ao melhorar e receber alta, até manifestou disposição de deixar de beber e entrar na fila para transplante de órgão, mas logo vieram outras crises, ele precisou voltar ao hospital mais duas vezes, na última delas para morrer. Além disso, partiu sem reconhecer a dimensão do alcoolismo que o destruía: assegurava não ser dependente e se achava capaz de parar de beber a qualquer hora, sem sofrer abstinência.

O fato de Sócrates negar o vício irritava Casagrande, porque achava que o amigo devia assumir a gravidade da doença para buscar tratamento intensivo e apoio psicológico. Acreditava ser a única salvação. Talvez por não ter passado por uma experiência tão dramática como a de Casão, com delírios e overdoses, o Doutor consumiu-se silenciosamente, sem chance de virar o jogo. Afinal, foram necessários meses de isolamento numa clínica até que Casão admitisse a dependência para si mesmo.

De qualquer forma, os dois viveram intensamente e produziram um momento único na história. Jamais houve um time como o da Democracia Corintiana, que ultrapassou os limites do esporte para interferir na política da nação e até influenciar os costumes de uma geração — não só de torcedores alvinegros. Em retrospectiva, não se pode falar que nenhum deles tenha desperdiçado a existência. Apesar da morte precoce de um e da queda quase fatal do outro, poucas pessoas chegaram a fazer tanto em tão pouco tempo.

Como diria o poeta Carlos Drummond de Andrade, quando essas duas figuras nasceram, um anjo torto cochichou em seus ouvidos: "Vai ser gauche na vida...". E ambos seguiram seu destino com alegria, volúpia e genialidade, mas saindo fora do esquadro. Juca Kfouri defende a ideia de que são pessoas assim que levam o mundo a evoluir, embora paguem um preço pessoal alto por isso. "Esses caras que escolheram ser gauches na vida, às vezes considerados perdedores pela sociedade, são os que fazem a história, de alguma maneira, mudar de rumo", afirma.

Sem se gabar disso por aí, Casagrande mostra que, no íntimo, tem essa consciência. Sabe que foi uma das peças responsáveis pelo surgimento de um novo Brasil e se orgulha por ter dado a cara a tapa. Sempre esteve na linha de frente dos acontecimentos. Não é pouco. Quanto ao uso de drogas, apesar de admitir os perigos e excessos cometidos, está longe de soar como um muro de lamentações. "Quando olho para trás, não me arrependo de nada. Esse é um lado preocupante, pois falo isso porque estou vivo. Se estivesse morto, teria deixado meus filhos, meus pais, meus amigos. Aí entra o egoísmo."

Há duas percepções antagônicas em relação a seu estilo de vida. "Sou ambíguo nessa questão. Meu lado rock'n'roll me faz sentir orgulho: fui louco pra caralho... Ao mesmo tempo, meu lado racional pensa assim: que merda, eu poderia ter tido uma vida melhor." Também toma cuidado para não se tornar um patrulheiro contra os usuários de drogas. "Quero alertar sobre o perigo de alguém se tornar dependente, é um terreno pantanoso, sem dúvida. Mas nem todos irão passar, necessariamente, pelos mesmos tormentos que eu vivi. O meu caso é extremo. Usei drogas injetáveis, uma roleta-russa em que nunca se sabe qual será a consequência. Uma aplicação já pode levar à morte."

Casão evita dar lições de moral aos amigos. Respeita a decisão de cada um, mas com a exata noção das próprias restrições. Não gosta nem de passar perto de ambientes com fumaça de maconha. "Como já entrei em surto psicótico, poderia ser um fator de desencadeamento de uma nova crise. Não posso usar mais nenhum alucinógeno, sob o risco de pirar definitivamente."

Esta é uma história sem fim. Casagrande colhe os louros do nocaute sensacional sobre as drogas, mas nada garante que ganhará novamente caso volte a ter uma recaída. Até mesmo porque os campeões envelhecem. Porém essa tentação é eterna. Sem contar o fator genético, que predispõe quem tem histórico de dependência na família a trilhar o mesmo caminho — há estudos conclusivos a esse respeito. O pai de Casagrande já enfrentou sérios problemas com álcool. Chegou a ser internado pelo próprio filho, quando este jogava na Itália e, à distância, se via incapaz de proteger a mãe.

Desde a infância, quando saía para brincar com os amigos na rua, com doze, treze anos, tinha o cuidado de voltar para casa a cada hora para verificar se ela estava em segurança. Quando ficava bêbado, o pai muitas vezes se tornava agressivo. Seu Walter conseguiu controlar esse mal, parou de beber e hoje é um pacato senhor que frequenta a igreja da Pompeia ao lado de dona Zilda.

A questão de Casagrande é mais complexa. Por ser mais jovem, vive em ritmo intenso, em busca de novas conquistas e emoções. Depois de um breve retorno com a noiva, após o acidente e a internação, a relação deles acabou. Solteiro, mora sozinho. Por enquanto, a convivência com as terapeutas funciona como escudo; porém, em algum momento, terá de andar somente com as próprias pernas. Além disso, é uma figura pública, frequenta shows de rock, quer ter realizações, relaciona-se com muita gente. Segue na disputa de cada lance. A seu lado estão o indiscutível amadurecimento, a consciência do problema, os cuidados dos filhos, o carinho dos fãs e a determinação de atleta.

Casão já pintou o sete e, certamente, continuará completando a sua grande obra com novas tintas. As cores quentes e vibrantes predominam em sua existência, com algumas regiões escuras na tela e figuras fantasmagóricas distorcidas ao fundo. No todo, a beleza do quadro é radiante — os tons sombrios e as pinceladas mais pesadas até ajudam a lhe conferir profundidade. Para quem vê a vida tal qual arte, não há como não admirar tal visão. Quando e como concluirá o trabalho, não se sabe... Mas que já fez o suficiente para entrar na galeria dos imortais, ninguém pode negar.

Casão por ele mesmo

Passar a vida a limpo pode ser um exercício interessante e às vezes até prazeroso, mas é também um tanto delicado. Requer coragem de se expor publicamente. Porém, a partir do momento em que me dispus a contar em detalhes a minha história, assumi o compromisso de ser sincero e transparente. Assim, nas inúmeras conversas que tivemos para relembrar as passagens mais marcantes do passado, estabeleceu-se um clima confessional. Naquele instante, a verdade — pelo menos da maneira como a vejo — precisava vir à tona, independentemente de ser algo certo ou errado, positivo ou negativo para a minha imagem.

Não me orgulho de tudo o que fiz, mas não me arrependo de quase nada. E admito: a sensação predominante é de paz comigo mesmo. O ser humano é complexo, equilibra-se entre a dor e o prazer, numa linha tênue e perigosa. Eu me sentiria mal se tivesse deixado de fazer o que quis, jamais por dar cabeçadas, uma aqui e outra ali, por tropeçar, cair e me machucar. Sobretudo porque sempre consegui me levantar e seguir em frente.

Esse mergulho no túnel do tempo foi muito gostoso, principalmente ao recordar minha juventude e a de meus velhos amigos. Era uma fase em que a gente se divertia demais. Depois nos tornamos adultos, cheios de responsabilidades, e perdemos um pouco daquele lado moleque. Apesar de ser preciso reconhecer que nós fomos moleques por muitos anos, até passamos um pouco do período em que já deveríamos estar adultos. Sei muito bem disso e acho ótimo, porque vivemos aventuras incríveis.

Alguns parceiros de infância e adolescência também colaboraram ao relatar passagens da nossa Turma do Veneno, lá da Penha. Principalmente o Magrão, com sua boa memória — esse apelido é usado quase sempre em referência ao Wagner, meu vizinho de rua por tantos anos e fiel companheiro até hoje. Digo isso porque o Sócrates era chamado da mesma maneira, mas evitamos tratá-lo assim nesta biografia para não confundir os leitores. Nas poucas vezes em que o termo Magrão refere-se ao Sócrates, isso ficou bem explícito no contexto.

Outros amigos, infelizmente, não puderam participar desse processo de revolver o passado. Eles já morreram. Então, passei a me lembrar deles com mais frequência, de nossas histórias juntos, de tudo o que aprontávamos. Várias dessas passagens aconteceram lá atrás — no fim dos anos 1970 ou começo dos 1980 — e, antes de fazermos essa biografia, eu tinha recordações muito esporádicas. O livro me trouxe lembranças mais frescas à memória. Essa foi a parte mais bacana: resgatar os fatos da juventude que eu precisava reviver, às vezes até com certo esforço para reconstituí-los nitidamente, ao contrário das coisas ruins, porque os lances dramáticos com as drogas aconteceram há pouco tempo.

O Ocimar, o João Gordo e o Tambor morreram cedo. É um lance muito louco... Penso nas coisas que o Ocimar, principalmente, falaria para mim hoje. Ele era muito engraçado e muito próximo, a gente se via todo dia. O Tambor também... Então, imagino a reação deles com a publicação do livro, a revelação das nossas aventuras. Do Inferno na Torre, por exemplo, os dois participaram. Aquela festa de arromba foi idealizada por mim e pelo Ocimar, que era corretor de imóveis e estava negociando aquele apartamento com algum cliente. É sensacional trazer à cena a lembrança: já muito doido, lá pelas tantas, ele passou a acreditar na própria mentira, como se fosse comprar, de fato, o apartamento para a mãe dele. Ele era muito louco, mas é claro que os caras também punham pilha, falavam assim: "Ô, Ocimar, o Casa tá dando uma paulada lá no quarto da dona Zoquinha, puta falta de respeito!". Ele se inflamava e ia bater na porta, indignado: "Ô, Casa, sai daí... sexo no quarto da dona Zoquinha, não! Respeite a minha mãezinha!". Uma figuraça.

Também me lembrei muito deles no Japão, em dezembro de 2012, vendo o Corinthians ser campeão mundial, porque eles eram corintianos pra caramba, né? Fico imaginando o jeito do Ocimar, supermetido, botando banca pra falar sobre o time que conquistou o mundo. O Tambor, então, morreu no Morumbi, no segundo jogo da semifinal da Taça Libertadores da América de 2000, entre Corinthians e Palmeiras, naquela decisão em que o Marcos pegou o pênalti batido pelo Marcelinho. Ele sofreu um AVC (acidente vascular cerebral) no estádio. Estava gordo, fodido, não ia a médico de jeito nenhum, mas o nervosismo daquele jogo também deve ter colaborado para a tragédia.

Já o Ocimar, que também não se cuidava, morreu de hepatite C. Infelizmente, uma doença que pegou em cheio uma geração usuária de drogas injetáveis. Muita gente se contaminou dessa maneira. E não necessariamente ao compartilhar seringa com outras pessoas. Não sei o que os médicos vão dizer sobre isso, mas, por experiência própria, tenho convicção de que contraí hepatite C mesmo sem trocar seringa com ninguém. Simplesmente usava a mesma mais de uma vez. Acho que a combinação do sangue com a droga, exposta ao ar, ao ambiente, antes de a seringa ser reutilizada, tem algo a ver. Claro, não sou infectologista... E podem cair de pau em mim; talvez os especialistas considerem isso uma bobagem. Mas é a minha impressão.

De qualquer forma, uma porrada de coisas passou pela minha mente ao ver o Corinthians campeão mundial no Japão. A princípio, o que me emocionou mesmo foi a entrada do time em campo, com aquela torcida gigante em Yokohama. Eu me lembrei da época da Democracia Corintiana, em 1983, quando fizemos uma reunião para discutir o planejamento para ganhar o Brasileiro, a Libertadores e disputar o Mundial. Aí me veio à cabeça todo mundo, o Sócrates pra caralho, o Adilson Monteiro Alves, o Wladimir... esse pessoal que começou a idealizar tudo isso.

Acho que o título no Japão poderia ter vindo antes, se não houvesse o retrocesso no clube, com a derrota do Adilson na eleição para presidente. Quer dizer, pode ser que sim, pode ser que não... Mas o fato é que o Corinthians andou politicamente para trás, né? Tudo bem, ganhou títulos brasileiros e o primeiro Mundial com o Alberto Dualib, mas dependia sempre de investimentos externos pontuais, com altos e baixos, numa gangorra que chegou a levar a equipe até a Segunda Divisão. O clube ficou estacionado, refém de uma grana suspeita trazida por estrangeiros, sem desenvolver o potencial da sua marca tão poderosa.

Não deixa de ser curioso o Corinthians ter finalmente triunfado no Japão com o Duílio Monteiro Alves, filho do Adilson, como diretor de futebol. Parece um ajuste de contas com o destino. Tudo isso me levou a uma viagem maluca enquanto presenciava aquele acontecimento histórico como comentarista. Mas o que mais me deixava impressionado era a força da Fiel. Nunca aconteceu uma invasão igual no Japão, como nunca ocorreu uma invasão como a do Maracanã na semifinal do Brasileiro de 1976. Não há limites para os torcedores do Corinthians. Se houver um jogo contra a seleção da Lua, eles invadem a Lua. Como vão chegar, não sei, mas é certo que darão algum jeito e logo estarão lá, fincando sua bandeira em cada cratera lunar. É uma energia inesgotável e contagiante.

A cara do Corinthians, fora o projeto da Democracia Corintiana, é a de vencer campeonatos importantíssimos com times sem estrelas. Foi desse jeito no Campeonato Paulista de 1977, assim como na vitória sobre o Fluminense no Brasileiro de 1976, que valeu praticamente como uma conquista. O estilo do Corinthians é aguerrido, reflete a própria torcida, que detém sempre o papel principal. Mas, justamente por isso, os grandes feitos têm de ser eternizados pelo clube. Os campeões de 1977, por exemplo, deviam ser homenageados de alguma forma dentro do parque São Jorge, independentemente do Memorial, para destacar a importância do que aqueles caras fizeram. Comparo o título de 1977 ao projeto da Democracia Corintiana, pela importância histórica de ambos.

Outro lance legal da conquista do Mundial no Japão foi ter sido alcançada com o Tite, um profissional que foge ao estereótipo do técnico autoritário. E é preciso reconhecer: quem lhe deu essa possibilidade de escapar do comportamento ditatorial que ainda domina o futebol hoje em dia foi o Andrés Sanchez. A atitude do então presidente de não demiti-lo depois da derrota para o Tolima, na Pré-Libertadores de 2011, mexeu demais com o Tite, no bom sentido. Ele cresceu com aquele episódio e se tornou mais seguro. Em qualquer lugar do mundo o treinador teria sido demitido numa situação semelhante.

Todo esse cenário me levou a exteriorizar meus sentimentos durante a transmissão dos jogos do Corinthians no Mundial de 2012, pela TV *Globo. Foi algo importantíssimo para mim. Não que eu tenha de me segurar para comentar um jogo, faço isso tranquilamente há muitos anos, com todos os clubes, inclusive o Corinthians. Mas como trabalho com o Galvão Bueno há muitos anos, eu tinha certeza de que ele iria falar assim: "O Corinthians, hoje, é o Brasil na Libertadores!". Então pensei: essa é a deixa para me soltar, para eu ficar mais à vontade. Se é assim, posso me dar o direito de torcer também, pô.*

Não tinha como ficar alheio à importância daquele título. Era uma coisa que eu desejava também, algo que qualquer jogador que já defendeu o Corinthians desejava, principalmente para quem nasceu no próprio clube. Quando eu jogava no dente de leite, ainda garoto, o meu pensamento era ser campeão paulista e quebrar o jejum que durou 23 anos. Um sonho imenso… Agora, porra, caralho, o Corinthians é campeão do mundo!

O fato de a conquista ter sido no Japão, no último ano antes de a competição se tornar itinerante, também é simbólico. Deu um gosto especial levantar a taça no mesmo país onde os outros clubes haviam sido campeões. Mesmo que fosse no Marrocos, em 2013, os rivais já iam falar: "Ah, mas no Japão, vocês nunca foram!". Mais ainda: esse título veio depois de o clube ganhar a Libertadores de forma invicta, contra o tradicional Boca Juniors, colocando um ponto final naquele rótulo de time caseiro. Acabou sendo uma conquista dupla, porque valeu o Mundial de 2012 e ainda bateu a tecla do bicampeonato. Hoje, todo mundo aceita o primeiro título mundial, que apesar de ter sido ganho com um time fortíssimo, sofria questionamento em face de o campeonato ter ocorrido no Brasil e sem passar pela Libertadores.

Pessoalmente, significou uma libertação para mim poder torcer pelo Corinthians — que fosse um dia pelo menos. Publicamente, né? Todo mundo viu que eu estava ali torcendo, com lágrimas nos olhos. Não me importei com as possíveis consequências. Nem com a reação do público nem com a quebra do protocolo dentro da TV *Globo. Naquela hora, confesso, não quis saber de coisa nenhuma. Eu me dei o direito de ser humano, de carne, osso e principalmente sentimentos. Do outro lado do planeta, não acompanhei de perto a repercussão no Brasil, mas me disseram que foi boa. Acho que as pessoas receberam bem o meu gesto por ser honesto, autêntico. Se tivesse sido forçado, não ia cair legal.*

Essa manifestação de amor pelo Corinthians também tem a ver com o Sócrates. Uma perda que estava mais ou menos escrita, vamos dizer a verdade, quando ele foi internado pela primeira vez. Fui lá no hospital e a situação era crítica. Entrei duas vezes na UTI*: na primeira, ele estava sedado. Na segunda, já acordado, me disse assim, logo ao me ver: "Pô, Casão, você parece uma assombração. Sonhei com você, que estava olhando pra minha cara, e agora você aparece aqui!". Eu lhe expliquei que não era sonho coisa nenhuma, realmente estive olhando para o rosto dele e, mesmo sob sedação, deve ter tido alguma percepção. Nessa segunda visita, pudemos conversar depois de um longo tempo de afastamento. "Poxa, Casão, eu pensava que* *não ia sair dessa, mas tô aí novinho em folha", falou, sem noção da gravidade de seu quadro.*

Saí do hospital preocupado. Pensei: puta que o pariu, o Magrão não entendeu porra nenhuma, ele está negando a situação. Mas também acabei negando pra mim mesmo; se ele falou, então tá tudo bem, oras. Dias depois, encontrei-o na Globo, quando fomos gravar o Arena SporTV, *e fiquei impressionado com o aspecto dele. O cara estava verde! Ali me convenci de que a doença era realmente grave, mas a gente nunca acha que o pior vai acontecer. Quando ele morreu, numa internação posterior, na madrugada de sábado para domingo, eu fazia planos de passar a visitá-lo regularmente.*

No sábado à noite, eu estava em Poços de Caldas e liguei para o Juca Kfouri, ou ele me ligou, não me lembro direito, para combinarmos um revezamento nas visitas ao Sócrates. Ele andava se sentindo rejeitado, numa crise emocional de quem se encontra debilitado, algo até normal, embora as pessoas estivessem até muito preocupadas com ele. Mas como a sensação era de que ninguém lhe dava atenção, eu e o Juca resolvemos ir à sua casa todos os domingos, alternadamente, para ele se sentir acolhido. Quando pudéssemos ir juntos, melhor; mas, no mínimo, um de nós teria de estar presente no fim de semana.

Foi estabelecido que o Juca iria naquele primeiro domingo, porque eu teria de comentar o clássico Corinthians × *Palmeiras, pela última rodada do Brasileiro de* 2011. *Portanto, me comprometi a ir no seguinte. Mas o Sócrates morreu naquela mesma madrugada. Então, não deu tempo de eu assumir esse papel. O que me confortou foi, pelo menos, ter tido a chance de lhe falar o que sentia por ele, antes de partir. Na gravação* do Arena, *disse-lhe com todas as letras o quanto eu gostava dele, apesar de termos ficado tantos anos sem conversar.*

Nós negligenciamos gestos como esse no dia a dia. Aí eu lhe pergunto, caro leitor: quando vai visitar sua mãe, você olha pra ela e diz que a ama? Não, *ninguém faz isso. Ah, eu gosto dela e ela sabe disso — pensamos sempre assim. Amanhã eu falo, outro dia eu falo, e a gente vai deixando pra lá coisas importantes tanto para nós como para quem vai ouvir. Não vou dizer que essa experiência tenha sido suficiente para mudar meu modo de me relacionar em geral. Acabo enredado pelo cotidiano e ainda não verbalizo tudo o que deveria para as pessoas queridas. Mas, com o Sócrates, tive essa felicidade. E serviu como reflexão e consolo.*

A gente vive com medo de pensar na morte. Mas ela existe de várias maneiras. O término de um relacionamento é um tipo de morte, em que a vida em comum deixa de existir. Passei por duas separações conjugais seguidas, num curto espaço de tempo. E como foram difíceis! A primeira significou o fim de um casamento de 21 anos, no qual tive três filhos — e porra, meu, eu nunca havia pensado em me separar, nem por um instante. Sempre fui louco em uma porção de coisas, mas, no casamento, eu era careta. Era aquele negócio: casei, então vou ficar com a minha mulher até o fim da vida, entendeu? Perdi até o rumo.

A segunda separação ocorreu num momento especialmente complicado. Eu estava em recuperação da dependência química — quer dizer, estou ainda, mas naquele momento tinha saído da internação havia pouco tempo e, de repente, me vi sozinho. Os dois rompimentos não partiram de mim. Até hoje vêm várias versões na minha cabeça. Uma delas é de que conviver comigo deve ser foda, meu! Tenho esse histórico todo aí e primo pela liberdade. Sou democrático mesmo, na vida inclusive. Então, não deve ser fácil para uma mulher ficar ao meu lado, porque quero fazer tudo o que me dá vontade. E, num relacionamento, é preciso ceder um pouco.

O que me conforta, no fim das contas, é que elas foram embora porque sou um sujeito difícil de conviver, mas, ao mesmo tempo, tudo bem, eu faço tudo o que quero. Não me tolho em nada, não me censuro, não tenho a frustração de ter deixado de fazer qualquer coisa. Talvez, se fosse uma mulher casada com um cara como eu, agisse da mesma forma. Chegaria uma hora em que diria: não dá mais!

Gozado, por falar em morte e realização de desejos, outro dia revi o filme Antes de partir, *com o Jack Nicholson e o Morgan Freeman. Os dois são pacientes com câncer terminal e montam uma lista das coisas que gostariam de fazer antes de morrer. Aí fiquei pensando: caraca, que lance louco, vou escrever a minha lista com tudo o que sempre quis fazer e nunca tive oportunidade. Mas refleti algum tempo e constatei que já fiz coisas pra caralho... O que eu vou pôr na lista, então? Decidi não mexer nesse negócio, porque sou muito louco e o resultado iria ser foda! Deixa a vida correr, que tudo vai acontecer naturalmente.*

Atualmente, moro sozinho. Essa é a primeira vez... quer dizer, eu até já havia tido a experiência de morar longe da família, porém com outras pessoas. Isso aconteceu no início da carreira profissional, em Poços de Caldas, quando o Corinthians me emprestou para a Caldense. Tinha dezessete anos e foi um caos! Eu me drogava pra caralho, fugia às regras pra caralho, sempre desrespeitava o horário pra voltar ao alojamento. Ou, quando voltava a tempo e não podia sair mais, pulava a janela do quarto e fugia. O meu carro ficava estacionado bem ali embaixo, então eu destravava o breque de mão e ia empurrando o Chevette até a outra rua pra não fazer barulho e o segurança não ouvir. Ou seja, não cumpri regra nenhuma!

Desta vez, quem precisa pôr as regras sou eu. Não tem ninguém mais ali... e, no início, foi meio complicado. Sou um tanto radical, não peguei o jeito até hoje. Fico quase o tempo todo dentro de casa, porque ainda não consegui ter a manha de impor o limite, o controle de sair e voltar. É oito ou oitenta, acho que sempre vai ser assim.

Em geral, todo homem se incomoda de ter empregada dentro de casa, tira um pouco da liberdade. Pelo menos, os meus amigos costumam reclamar disso. E eu não sou diferente. Então, cruzo pouco com a faxineira que limpa o apartamento às segundas e quintas-feiras. No início da semana é mais tranquilo, porque vou fazer o Arena SporTV, *e, quando volto, ela já foi embora. Às quintas, procuro arrumar alguma coisa pra sair também. Gosto de privacidade.*

No café da manhã, ou eu vou a uma padaria na Vila Madalena ou como alguma coisa em casa mesmo. Não cozinho nada. Então, almoço e janto muito em restaurantes. De vez em quando, preparo algum congelado no micro-ondas, algo bem simples e fácil, uma massa, uma carne pronta. Mas sou pouco eficiente como dono de casa. Quando voltei do Japão, por exemplo, o freezer estava desabastecido e demorei para fazer compras. Só me lembrava disso quando batia a fome e não encontrava nada, mas aí a loja de congelados já estava fechada. Ninguém é perfeito.

Quando fico em casa, costumo ouvir música e ver filmes. Além de vasculhar a coleção de DVDs*, tento achar opções interessantes nos canais a cabo. Gosto pra caralho do Quentin Tarantino — pra mim, ele é o máximo. Curto Martin Scorsese, Oliver Stone, Stanley Kubrick... Adoro filmes europeus, principalmente de dramas emocionais, como* Anticristo *e* Melancolia*, do dinamarquês Lars von Trier. Vejo mais de uma vez os filmes de que mais gosto. Passo muito tempo assim no meu apartamento.*

Saio pouco, vou raramente a festas. Preciso me cuidar para não sofrer recaída. Se o uso de drogas vai ser descarado no ambiente, estou fora. E caso esteja numa festa, sei muito bem onde as pessoas fazem o movimento, vão ao banheiro, algo assim. Então, evito me aproximar. Aliás, não vou a festas faz um tempão. A última foi o aniversário do Carlini, o mestre da guitarra. Mas ele não bebe, não fuma, não come mais nem carne vermelha. Ele e o padre Marcelo Rossi, hoje, estão afinados. Brincadeira...

Encontro poucos amigos. Saio muito com o Carlini, o Marcelo Rubens Paiva, o Kiko Zambianchi... esses são os mais conhecidos. Mas não culpo ninguém pelo meu problema. Todos os amigos que tive eram quase tão intensos quanto eu. Só que passei do ponto. Entre todos, acho que fui eu quem atingiu o estágio mais alto... ou mais baixo, né? Mais alto de loucura e mais baixo da moral do homem. Então, uma coisa que tenho na cabeça é o seguinte: não preciso ter medo deles. São eles que devem ter medo de mim, entendeu? E eu tenho de ter medo de mim mesmo. Essa é a realidade.

Apesar de toda a loucura, sempre me dediquei ao máximo para atingir meus objetivos. Foi assim como jogador profissional, nas fases de paixão e amor intensos com minha mulher, nos programas de rádio sobre rock e futebol, como comentarista esportivo. Continuo muito envolvido com a minha profissão, nas transmissões da TV *Globo, e também faço palestras sobre a minha experiência de vida. Tenho contrato com o Sesi do Paraná, dentro do projeto Cuide-se Mais. O propósito é esclarecer para empresários como tratar de funcionários com dependência química. Porque o mais comum é o patrão passar a mão na cabeça do cara e dizer "vai pra casa, amanhã você trabalha", ou então demitir o empregado. Nenhuma das duas formas está certa. O mais correto é ajudar o sujeito a se tratar. Por isso pensaram em mim. Conto o que passei e como a Globo lidou com o meu caso. Às vezes, faço duas palestras por mês — depende muito do meu tempo livre — nas cidades de Curitiba, Cascavel, Londrina, Maringá, Capanema e Itupeva.*

Pretendo fazer novamente programa de rádio. Fiquei entusiasmado com a volta da 89, a Rádio Rock. Nós, da geração dos anos 1980, somos todos filhos dela. Cheguei a fazer lá, juntamente com o Marcelo Fromer, o Rock e gol. *Em seguida, fomos para a Brasil 2000. Depois, com o Paulo Miklos e o Carlini, passei pela Transamérica. Mais recentemente, tinha o programa* 90 Minutos, *com o Nasi e o Ronaldo Giovanelli (ex-goleiro do Corinthians) na Kiss. Não estou desmerecendo outras emissoras. Até hoje ouço a Kiss o dia inteiro, mas, quando se fala em rádio do rock, no que a gente pensa instantaneamente? Na 89, claro!*

Essas atividades ajudam a me deixar mais centrado. Preciso me manter ocupado, ainda mais agora que estou sozinho. Muita gente imagina que aproveito a vida de solteiro para pegar um monte de mulheres, mas não é nada disso. Não é porque estou livre que vou sair pra putaria ou ficar com uma mina diferente todo dia. Nunca fui desse jeito, não é meu instinto. Prefiro um contato de verdade, gosto de sentir alguma coisa pela pessoa, mesmo que esse sentimento, esse amor, seja breve. Nunca saí com ninguém por sair. Simplesmente não consigo. Sempre me apaixonei, às vezes por algumas horas, às vezes por uma semana ou alguns meses... e já me apaixonei durante 21 anos!

Lógico que dá vontade de voltar a ter um relacionamento mais sério e estável. Mas aí a gente volta àquele papo do filme Antes de partir, *e eu não vou fazer lista nenhuma. Não adianta tentar dirigir o destino. As coisas acontecem naturalmente. Quando eu era jovem, imaginava que não passaria dos trinta anos, mas agora já estou quase com o dobro disso. Faltam poucos anos pra chegar lá. Então, não sei mais se vou viver bastante ou se morrerei logo. Só tenho uma certeza: eu vou viver a vida intensamente.*

Gosto muito de músicas, elas me dão algumas respostas para o dia a dia, para as coisas da minha vida. Às vezes, ouço "Comida", dos Titãs, e fico me perguntando: você tem sede de quê? Você tem fome de quê? Pra gente conseguir viver, a gente precisa ter fome de alguma coisa, tem de ter sede de alguma coisa. A gente não pode ficar no meio-termo. Isso seria pior do que a morte. Eu quero tudo completo, não me contento com nada pela metade. E é assim que espero ter me entregado nesta biografia: por inteiro.

Esta biografia é a realização de um sonho. Nasceu como um projeto do titã Marcelo Fromer, que chegou a gravar várias entrevistas comigo, até ser morto por atropelamento em 2001. Pensei que o livro tivesse morrido com ele. Porém, alguns anos e muitos acidentes na vida depois, surgiu a chance de eu retomar a ideia em parceria com o Gilvan Ribeiro. Todo o nosso esforço para estas páginas se materializarem ficará como homenagem ao Marcelo, amigo eterno.

WALTER CASAGRANDE JÚNIOR

Agradecimentos Nossos pais, Fiódor Dostoiévski, Iemanjá, Praia da Almada, Aida Veiga, Daniela Gallias, Deborah Yafa Goldshmidt Eskenazi, Fernanda Moreira, Simone Carvalho, José Roberto Malia, Evandro Ruivo, Fernão Ketelhuth, Nelson Rodrigues, Santo Expedito e Chico Buarque... nossos guias espirituais. E aos demônios, por terem nos dado uma trégua.

Créditos das fotos

O *Diário de S. Paulo* gentilmente cedeu as fotos de seu arquivo para este livro.

P. 2: Sergio Moraes / Abril Comunicações S/A
P. 20: Fernando Santos / Folhapress
P. 28: Oslaim Brito / Diário de S. Paulo
P. 36: Jorge Araújo / Folhapress
P. 46: Wilson Fonseca / Diário de S. Paulo
P. 52: Daniel Pera / Diário de S. Paulo
P. 62: Tiago Queiroz / Estadão Conteúdo
P. 68: Paulo Cerciari / Folhapress
P. 78: Sérgio Neves / Estadão Conteúdo
P. 88: Fernando Santos / Folhapress
P. 98: Evenir R. Silveira / Folhapress
P. 110: Jose Pinto / Abril Comunicações S/A
P. 122: Inacio Teixeira / Diário de S. Paulo
P. 132: Jorge Araújo / Folhapress
P. 148: Antonio Lúcio / Estadão Conteúdo
P. 158: Eliaria Andrade / Diário de S. Paulo
P. 166: ASF / Press Photo Agency
P. 182: Domício Pinheiro / Estadão Conteúdo
P. 194: José Ribeiro / Diário de S. Paulo
P. 206: Folhapress
P. 222: Daniel Pera / Diário de S. Paulo
P. 230: Daryan Dornelles / Fotonauta

Este livro, composto na fonte Sabon Lt Std,
foi impresso em papel Pólen Soft 80 g, na Salesianas.
São Paulo, maio de 2013.